まえがき
―子どもの考えを顕在化し，共有化する―

　理科には，子どもの理科の学習に対する意欲は他の教科と比較して高いのですが，それが大切だという意識が高くないという課題があります。また，我が国の子どもたち，大人も含めた日本国民の科学に対する関心が低いという状況も見られます。さらに，子どもの体験の状況については，過去に比べて，理科の学習の基盤となる自然体験，生活体験が乏しくなってきています。

　こうしたことを踏まえ，生涯にわたって，科学に関心をもち続けられるようにするという観点から，理科教育について見直しがなされ，小，中，高等学校及び特別支援学校の学習指導要領が改訂されました。

　今回の改訂の大きな柱は，「言語活動の充実」です。小学校理科における言語活動の充実は，問題解決の過程に沿って，教師が意図的に言語を駆使する場をいかに設定していくかにかかっています。つまり，問題解決の充実を目指して，体験活動を基盤としながら，言語活動を取り入れていくのです。

　理科学習において，言語の基盤となる体験としての「観察，実験」は，極めて重要な活動です。無目的にその活動を行ってはなりません。観察，実験は，子どもが目的を明確にもち，その結果を表やグラフなどに整理して考察することで，はじめて意図的，目的的な活動となり，意味や価値をもつものとなるのです。つまり，観察，実験の前後の学習活動が，観察，実験の位置付けを明確にすることになります。その1つが，実際に観察，実験に入る前の段階，すなわち，「予想や仮説をもつ場面」です。ここでは，見いだした問題に対して自分の考えをもっているのか，もった考えをどのように表現しているのかを見取ることになります。子どもの多様な考えを顕在化させることが大切です。

　もう1つが，実際に観察，実験を行った後の段階，すなわち，「観察，実験の結果から何が言えるのかを考察しまとめていく場面」です。科学的な言葉や概念を使用した学習活動においては，自らの観察記録や実験データを整理し，それに基づいて考えたり，それを根拠にして説明したりしているかを見取ることになります。子どもたちに自他の考えを共有化させることが大切です。これら2つの場面が，「科学的な思考・表現」を評価する大きなポイントとなります。

また，理科は，自然を対象にしながら追究を通して，自然についての考えをつくりもつ教科です。追究には，実証性，再現性，客観性といった「科学的な」手続きが保証されていなければなりません。こうして獲得した観察・実験の結果と自分の経験を照らし合わせて，自分の考えをつくり，その考えを他に表現する力の育成が重要になります。

　自分で考え，表現する力の育成を目的としながら，子ども一人一人の実現状況をとらえ，的確に指導することが「指導と評価の一体化」です。指導に熟達した教師は，子どもの評価にも熟達しています。授業では，子どもの多様な考えを引き出しそれを表現させる，表現したことから考えるといった思考と表現の往還関係－思考と表現の一体化－をいかに成立させるかがポイントとなります。

　今回の学習評価の改訂に当たって，「関心・意欲・態度」については約40％，「思考・判断」については約26％の教師が学習評価を円滑に実施できているとは感じていないなどの課題が見られました。実際に学校で指導される先生方の中には，「関心・意欲・態度」と「科学的な思考・表現」については，子どものどんな姿をどのように見取り，どう評価の判定をしたらよいのか不明確であると指摘する声もあります。こうしたことから，今回の学習評価の在り方については，「科学的な思考・表現」のとらえ方や評価方法などについては，国立教育政策研究所が発行した「評価方法等の工夫改善のための参考資料」等で詳しく解説されています。

　本書は，こうした学習指導要領の趣旨，学習評価の考え方を十分に踏まえながら，理科を指導する先生方を対象に，「科学的な思考・表現」の力を育成する授業の展開についてわかりやすく解説しました。本書を使用することにより，子どもたちが理科の楽しさや本質を感じながら問題解決がスムーズに展開されること，特に，「科学的な思考・表現」の指導と評価が的確に行われることなど，理科の授業実践がますます深まり広まることを願ってやみません。

　2012（平成24）年5月吉日

村山　哲哉

目次

第1章 「科学的な思考・表現」の指導と評価 ……… 7
第1節 問題解決で「科学的な思考・表現」を育てる 8
第2節 「科学的な思考・表現」で指導と評価の一体化を図る 12

第2章 「科学的な思考・表現」の指導と評価のポイント ……… 15
第1節 「科学的な思考・表現」の指導と評価のポイント 16
第2節 中学年における「科学的な思考・表現」の指導と評価の具体例 18
第3節 高学年における「科学的な思考・表現」の指導と評価の具体例 21

第3章 「科学的な思考・表現」の指導と評価の実際 ……… 25

第3学年 【A 物質・エネルギー】
- 物と重さ 26
- 風やゴムの働き 31
- 光の性質 36
- 磁石の性質 41
- 電気の通り道 47

【B 生命・地球】
- 昆虫と植物 52
- 身近な自然の観察 57
- 太陽と地面の様子 62

第4学年 【A 物質・エネルギー】
- 空気と水の性質 67
- 金属，水，空気と温度 72
- 電気の働き 77

【B 生命・地球】
- 人の体のつくりと運動 82
- 季節と生物 87
- 天気の様子 92
- 月と星 97

第5学年 【A 物質・エネルギー】
- 物の溶け方 102
- 振り子の運動 107
- 電流の働き 112

【B 生命・地球】
- 植物の発芽，成長，結実 117
- 動物の誕生 123
- 流水の働き 128
- 天気の変化 133

第6学年 【A 物質・エネルギー】
- 燃焼の仕組み 138
- 水溶液の性質 143
- てこの規則性 148
- 電気の利用 153

【B 生命・地球】
- 人の体のつくりと働き 158
- 植物の養分と水の通り道 163
- 生物と環境 168
- 土地のつくりと変化 173
- 月と太陽 178

第1章

「科学的な思考・表現」の指導と評価

第1節　問題解決で「科学的な思考・表現」を育てる　8

第2節　「科学的な思考・表現」で指導と評価の一体化を図る　12

第1節

問題解決で「科学的な思考・表現」を育てる

1 問題解決の成立要件

　理科においては、これまで自然の事物・現象に親しみ、観察、実験などを重視しながら、言語を話し合いや伝達、表現の手段として使用してきている。これは、次の2つの視点を包含している。1つは、理科は自然の事物・現象に「親しむ」ことや「観察、実験」などを行うことを重視してきたということである。2つは、「記録や記述」や「話し合い」として言語を重視してきたということである。

　このように理科という教科においては、「具体」の体験を重視しながら、「抽象」操作である言語活動を充実することが問題解決を成立させる重要な要件である。この問題解決のプロセスにおいて、子どもがいかに主体となって活動することができるかが、理科授業の正否を決めると言っても過言ではないであろう。子ども主体の問題解決を展開するために、指導者である教師は、以下の点に留意しながら授業を展開する必要がある。

①子どもが自分事として問題を見いだしているか

　理科における問題解決の主体は、子どもである。自然の事物・現象と対峙したり、働きかけたりすることによって、子どもはこれまでの経験や知識と結び付けたり、ズレを感じたりしながら、対象に対して気付きや疑問をもつ。ここで大切なのは、子どもの認知的葛藤を喚起することである。これまでの経験や知識と合致していることやまったく合致しないことに対しては、子どもの認知的葛藤は引き起こされない。

　ここで重要なのは、子どもの認知的葛藤を喚起するような具体の事物・現象や状況、教師の働きかけがどのように用意されているかである。子ども一人では、問題の把握・設定にまでは至らないことが多い。そうかといって、教師が問題を設定したのでは、子ども主体の問題解決が成立しない。子どもの認知的側面や心情的側面を読み取りながら、適切に教材や場を用意し、適宜教師が働きかけることが大切である。子どもが他人事ではなく、自分事として問題を設定できるようにすることが求められる。

②問題に正対した予想や仮説を設定しているか

　子どもがもつ予想や仮説は、見いだした問題に正対していることが大切である。逆に

第1章 「科学的な思考・表現」の指導と評価

言えば、正対できるような問題を設定しているかが鍵となる。厳密に言うと、子どもが立てた問題が、問題文となっているかに配慮してほしいのである。「〜だろうか」というふうに、文末に「？」（疑問符）がつく文体になっているかよく見てほしい。よく「〜しよう」というように、文末に「！」（感嘆符）がつく問題を見かけるが、これに正対した予想や仮説は、ロジックをしっかりととらえるならば立てられないはずである。こうしたところに気を付け、論理的に展開することが理科における言語活動の充実の第一歩であることを忘れてはならない。

また、子どもが立てる予想や仮説には、生活経験や既習事項、既有の知識などを基にした根拠があることが大切である。ただ、3，4年生は言語能力や論理的思考力がまだ十分に育っていない場合が多いので、根拠をうまく言語化できないことがあることに留意する必要がある。

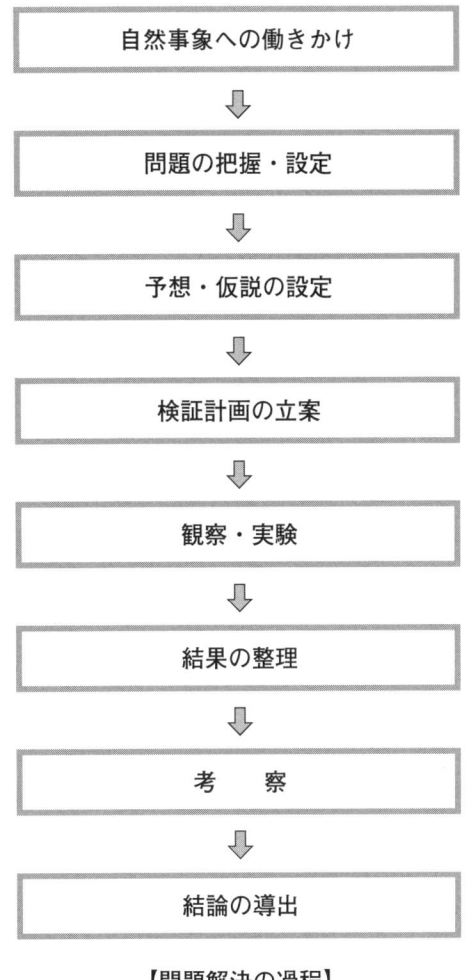

【問題解決の過程】

③**予想や仮説を検証できそうな観察，実験の計画を立てているか**

観察，実験は，子どもの予想や仮説を検証するための手段である。子どもの意図的，目的的な活動である。したがって，予想や仮説を実現することに向けた観察，実験の計画を立案することが大切である。

④**目的に応じて適切に観察，実験を行っているか**

子どもが自然の事物・現象を観察し，実験を計画的に実施し，器具や機器などを目的に応じて工夫して扱うことができるようにすることが大切である。そのためには，観察道具や実験器具を一人一人の子どもが扱うことができる時間と場を十分に確保しておく必要がある。

⑤**観察，実験の結果を適切に処理しているか**

観察，実験の結果やとらえた事実を的確に記録することも大切である。この記録が，

その後に展開される考察や結論の導出に向けての基となることに留意する必要がある。

⑥観察，実験の結果と予想や仮説を照らし合わせて考察し，自分の考えを表現しているか

子どもの科学的な見方や考え方が一層深まるように，観察，実験の結果を整理し考察し表現する学習活動を重視する。特に，観察，実験において結果を表やグラフに整理し，予想や仮説と関係付けながら考察を言語化し，表現することがより一層求められる。

⑦問題解決を通して，科学的な言葉や概念として知識や技能を獲得しているか

子どもが自然の事物・現象を対象としながら科学的に追究することを通して，自然の事物・現象についての知識を創造及び更新し，そのような考えをもっている状態をとらえていく必要がある。

⑧獲得した知識や技能を活用して，実際の自然や日常生活の中で，適用したり，分析・判断したり，批判的に考察したりしているか

理科の学習内容と日常生活で見聞する科学に対する知識との乖離が指摘されている。こうした状況を改善するために，理科の内容と日常生活の現象を関連付けることで子どもの興味・関心を高めたり，理科で身に付けた知識や技能を使って，実際の自然や日常生活の現象を考察し，説明する活動を取り入れたりすることなどが考えられる。

また，他の文脈において獲得した知識を適用したり，データを読み取り1つの判断を下したり，データの信憑性を高める働きかけをしたりするなどの，観察，実験の結果を整理し考察する学習活動，科学的な概念を使用して考えたり説明したりする学習活動がますます求められる。

2 問題解決における「科学的な思考・表現」の育成

理科学習において，観察，実験は，子どもが目的を明確にもち，その結果を表やグラフなどに整理して考察することで，はじめて意図的，目的的な活動となり，意味や価値をもつものとなるのである。つまり，観察，実験の前後の学習活動が重要となる。

そのためには，観察，実験の前後で，「科学的な思考・表現」の観点で，子どもの学習状況を評価し，指導に生かしていくことがポイントとなる。

「科学的な思考・表現」を重点的に指導する場面の1つが，実際に観察，実験に入る前の段階，すなわち，「予想や仮説をもつ場面」である。ここでは，見いだした問題に対して自分の考えをもっているのか，もった考えをどのように表現しているのかを見取ることになる。ここでは，子どもがもった予想や仮説が科学的な知識や事実，概念として合っているか，合っていないかということは問題とならない。どんな予想や仮説をもっているのか，根拠があるのか，ないのか，ということが重要になる。

もう1つが，実際に観察，実験を行った後の段階，すなわち，「観察，実験の結果から何が言えるのかを考察しまとめていく場面」である。とりわけ，観察，実験の結果から何が言えるのかということ，結論をまとめるということについては，PISAやTIMSSといった国際調査などで日本の子どもたちには課題が多いということが明らかになっている。科学的な言葉や概念を使用した学習活動においては，自らの観察記録や実験データを整理し，それに基づいて考えたり，それを根拠にして説明したりすることが重要である。このような学習活動が，学級の中のグループや学級全体での話し合いの中で行われ，繰り返されることにより考察が深まっていくように指導することが重要である。

また，予想や仮説をもつ段階や，結果から考察し結論を出す段階においては，とりわけ言語活動が関係する。言語活動の充実という視点からも理科の学習指導を見直し改善を図る必要がある。

3 観察，実験の結果から結論を導き出す指導の在り方

思考力・判断力・表現力等をはぐくむためには，例えば，「概念・法則・意図などを解釈し，説明したり活用したりする」，「情報を分析・評価し，論述する」，「互いの考えを伝え合い，自らの考えや集団の考えを発展させる」などといった学習活動が重要であり，このような活動を各教科において行うことが不可欠である。

理科においては，子どもたちは，「結果から何が言えるのか」，「事実から何が読み取れるのか」などといった思考・表現，すなわち，「結果から考察して，結論を導出する」ことに課題があるのである。

そこで，理科の授業においては，予想や仮説を立てて観察，実験を行うだけではなく，その結果について考察を行う学習活動を充実させることにより，科学的な思考力や表現力の育成を図ることが大切となる。自らの観察記録や実験データを表に整理したりグラフに処理したりすることにより，考察を充実させることができる。また，それらの表やグラフなどを活用しつつ科学的な言葉や概念を使用して考えたり説明したりするなどの学習活動により，考察を深めることができる。このような学習活動が，学級の中のグループや学級全体での話し合いの中で行われ，繰り返されることにより考察が充実し，深まっていくように指導することが重要である。

このように，子どもが出した観察，実験の結果やそこでもった考えを共有化し，最初にもった予想や仮説と照合させながら考察したり，観察，実験の結果における共通性や傾向性に着目させながら結論をまとめることが大切である。

「科学的な思考・表現」で指導と評価の一体化を図る

1 「科学的な思考・表現」の趣旨

　新しい学習指導要領においては，思考力・判断力・表現力等を育成するため，基礎的・基本的な知識・技能を活用する学習活動を重視するとともに，論理や思考等の基盤である言語の果たす役割を踏まえ，言語活動を充実することとしている。これらの能力を適切に評価し，一層育成していくため，各教科の内容等に即して思考・判断したことを，その内容を表現する活動と一体的に評価する観点を設定することが適当であるとされた。

　理科においては，「科学的な思考」に「表現」という文言が付け加えられた。従来の「思考」に「表現」を加えて示した趣旨は，本観点に係る学習評価を言語活動を中心とした表現に係る活動や子どもたちの作品等と一体的に行うことを明確にするものである。このため，この観点を評価するに当たっては，単に文章，表や図に整理して記録するという表面的な現象を評価するものではなく，例えば，観察，実験の分析や解釈を通じ規

観　点	趣　旨
自然事象への関心・意欲・態度	自然に親しみ，意欲をもって自然の事物・現象を調べる活動を行い，自然を愛するとともに生活に生かそうとする。
科学的な思考・表現	自然の事物・現象から問題を見いだし，見通しをもって事象を比較したり，関係付けたり，条件に着目したり，推論したりして調べることによって得られた結果を考察し表現して，問題を解決している。
観察・実験の技能	自然の事物・現象を観察し，実験を計画的に実施し，器具や機器などを目的に応じて工夫して扱うとともに，それらの過程や結果を的確に記録している。
自然事象についての知識・理解	自然の事物・現象の性質や規則性，相互の関係などについて実感を伴って理解している。

【理科の評価の観点及びその趣旨】

第1章 「科学的な思考・表現」の指導と評価

則性を見いだしているかなど，基礎的・基本的な知識・技能を活用しつつ，学習内容に即して思考したことを，記録，説明，論述，討論といった言語活動等を通じて評価するものであることに留意する必要がある。

理科の学習は，問題解決の活動を重視する。各学年の目標において具体の子どもの問題解決の能力を個別に示し，その育成を図っている。「科学的な思考・表現」の観点では，子どもが，問題解決の過程において，「事象を比較したり」，「関係付けたり」，「条件に着目したり」，「推論したり」して調べたことを，子どもの発言や記述等からとらえることが大切である。

また，子どもの科学的な見方や考え方が一層深まるように，観察，実験の結果を整理し考察し表現する学習活動を重視する。特に，観察，実験において結果を表やグラフに整理し，予想や仮説と関係付けながら考察を言語化し，表現することがより一層求められる。

さらに，子どもが自らの考えを表現する際に，文字や記号として表現するばかりでなく，イメージ図や立体的なモデルを用いて表現することも考えられる。特に，体感を通して得られた認識を表現したり，目に見えない自然の事物・現象について説明したりする際に，モデルを活用することが大切である。

2 「科学的な思考・表現」の評価規準の設定

「科学的な思考・表現」については，実際に観察，実験に入る前の段階，つまり，予想や仮説をもつ場面が子どもたちの学習状況を評価する1つのポイントとなる。見いだした問題に対して自分の考えをもっているのか，もった考えをどのように表現しているのかを見取ることになる。ここでは，子どもがもった予想や仮説が科学的な知識や事実，概念として合っているか，合っていないかということは問題とならない。どんな予想や仮説をもっているのか，根拠があるのか，ないのか，ということが重要になる。

もう1つのポイントは，実際に観察，実験を行った後の段階，つまり，観察，実験の結果から何が言えるのかを考察しまとめていく場面で「科学的な思考・表現」の学習状況を読み取っていくことが大切である。とりわけ，観察，実験の結果から何が言えるのかということ，結論をまとめるということについては，今後，さらなる授業の工夫改善が求められている。

こうしたことを踏まえて，授業を展開する前に，科学的に思考しているのか，それを科学的に表現しているのかというところを明確にして，評価規準として設定することによって，授業を工夫改善していくことが重要である。また，予想や仮説をもつ段階や，

結果から考察し結論を出す段階においては，とりわけ言語活動が関係する。言語活動の充実という視点からも授業を見直し改善を図る必要がある。

例えば，第4学年Ａ(1)「空気と水の性質」の学習における「科学的な思考・表現」の評価規準の設定例は，以下の通りである。

・閉じ込めた空気や水の体積や圧し返す力の変化によって起こる現象とそれぞれの性質を関係付けて，それらについて予想や仮説をもち，表現している。
・閉じ込めた空気や水の体積や圧し返す力の変化によって起こる現象とそれぞれの性質を関係付けて考察し，自分の考えを表現している。

本単元においては，予想や仮説をもつ段階で，子どもたちに閉じ込めた空気を圧したらどうなるかということを，「圧す前」，「圧したとき」，「手を離した後」の状態変化について，子どもたちに見通しをもたせておくことが大切である。記述することは手応えであることから，文字のみで記録することはなかなか困難である。そこで，文字や記号だけでなく，イメージ図を使って，閉じ込めた空気の状態を満員電車の中の状況に例えて，「広々としたときはゆったりした人数でいるが，ぐっと縮まって人数が集まる」という表現や，いくつかの顔を描いて擬人化して，それがニコニコしているのが，ぐっと押すと怒った顔になって，手を離すとほっとした顔になるという表現など様々な表現方法が考えられる。その後，子どもがもった予想や仮説のもとに，注射器という閉じこめた空気の空間をつくって，体感を中心に確認する実験をするのである。そして，注射器の目盛りなどを使い，「最初に4の目盛りであったところが，ぐっと押したら2の目盛りになり，手を離したら4の目盛りに戻った」という量的な表現も加味させながら，実験結果を考察し，結論としてまとめていくことが考えられる。

本単元のように，体感を通して得られる認識や目に見えない事象に対する認識を高めるためには，観察，実験の前にイメージ図を使用して子どもの考えを顕在化し，観察，実験の後にイメージ図と定量的なデータを併用して，科学的な考察として深まるような表現を工夫することが大切である。

学習評価は，学習指導要領の示す目標に照らして，子どもたちの実現状況を見ることが求められるものである。つまり，学習評価は，子どもの学習状況を検証し，結果の面から教育水準の維持向上を保障する機能を有するものと言える。今後は，こうした学習評価の機能を十分に押さえ，指導と評価の一体化を図りながら，子どもの学力の向上を保障する授業の改善工夫を進めることが重要となる。

第2章

「科学的な思考・表現」の指導と評価のポイント

第1節　「科学的な思考・表現」の指導と評価のポイント　16

第2節　中学年における「科学的な思考・表現」の指導と評価の具体例　18

第3節　高学年における「科学的な思考・表現」の指導と評価の具体例　21

第1節

「科学的な思考・表現」の指導と評価のポイント

1 「科学的な思考・表現」と言語活動

　理科では，自然体験や実験，観察などの活動を通して問題解決の能力を育て，科学的な認識を育てることが目標となっている。したがって，理科授業では問題解決による授業展開をすることが多い。

　ところが，一連の問題解決活動を体験し，学習内容を入力できたとしても，すべての子どもに学習目標とする理解が達成できるとは限らない。問題解決活動を主体的に行った子どもであっても，学習内容を入力しただけでは，「分かったつもり」の状態が多いからだ。「分かったつもり」かどうかを判断するためには，一度入力した知識を自分の外に出力してみる必要がある。自分の内側に知識がある状態では，「分かったつもり」かどうかが自覚できないからだ。

　子どもの思考活動や理解状態を外化させるためには，「言語活動」を設定することが効果的である。理科における言語活動としては，発言，話し合い，実験，観察の考察の記述，イメージ図等を活用した説明，活動をまとめるレポートづくり，活動内容のプレゼンテーションなどが考えられる。

2 評価する前に指導しておくこと

　「科学的な思考・表現」の評価では，問題解決の過程において，事象を比較したり，関係付けたり，条件に着目したり，推論したりして子どもが追究したことを，その発言や記述等からとらえることになる。

　子どもの表現から思考を評価するためには，十分な準備が必要である。まず，何を評価対象とするのか。言語活動といっても幅広い。特に，発表や話し合い等の「音声言語」は，その場では評価可能なものだが，授業が進行している最中にそれを評価して記録にとどめることはむずかしい。ノート記述のような「文字言語」の方が，授業後に丁寧に評価することができるので，授業の中で記述させる場の設定がポイントとなる。そのためには，何を，どのように記述させるのかという指導が大切である。ところが，

「学級の子どもは書けない」「記述は時間がかかる」などと言って，記述を避ける教師もいる。記述させることを避けていては，子どもの理解を向上させることはむずかしい。

理科における言語活動では，実験結果をきちんと踏まえて，その現象の意味を「文字言語」で表現することが大切である。「音声言語」でなく「文字言語」にこだわるのは，書くことで思考力が働くと考えるからである。「書く」ことは，自分が分かっていることと曖昧な部分とをきちんと区別させる。そこから「分かったつもり」が自覚できるのだ。「音声言語」では，理解が曖昧なままで流れてしまうことが多い。

記述は重要な学習活動だが，子どもの負担感は大きい。そこで，どのような記述をさせるのかを丁寧に指導する必要がある。例えば，実験，観察の結果には，できるだけ図や絵を多用して，ビジュアル的に表現するように指導する。さらに，図や絵に言葉を追加して，図や絵と言語を結び付けるような指導も不可欠である。

また，考えを引き出すためには単なる「感想」ではなく，「分かったこと」や「考えの理由」などを常に記述するように指導する。さらに，考察部分では，自分の立てた予想と実験結果とを比較して考えを述べるように指導する。間違えた予想をしてしまった場合には，なぜそのような予想をしたのか振り返るようにして，そこから得られた教訓なども記述させるとよい。いずれにしても，記述を評価対象とするならば，事前にきちんとした記述についての指導が必要である。何も指導していないのに「不十分だ」という評定だけをしたのでは，子どもは何を改善したらよいのか見えないだろう。

③ 判定基準を設定する

国立教育政策研究所の示す評価規準は，「おおむね満足」というB評定を想定している。この評価規準では，B評定とC評定の違いは明確になるが，A評定とB評定の違いは示されていない。そこで，学校の実態等を踏まえて，A評定に該当する判定基準を設定する必要がある。さらに，「努力を要する」（C評定）と判断した子どもには，改善の手だてが必要になる。その具体的な方法も，判定基準とともに用意しておく必要がある。

それを踏まえた上で，観点別学習状況の評価を効果的かつ効率的に行うためには，評価項目と評価方法を指導計画の中に位置付け明確化させる必要がある。つまり，どの評価項目を，どの場面で，どのように評価するのかを，計画の段階から明確にしておくのだ。このような準備を適切に実施した上で学習指導を行うことによって，効率的・効果的に評価活動ができるだろう。

第2節

中学年における「科学的な思考・表現」の指導と評価の具体例

　ここでは，4年「金属，水，空気と温度」における「物の温まり方」の内容について，具体的な評価例と判断のポイントを示そう。

1 金属板の温まり方について，温度変化と関係付けて予想を表現する場面

　予想や仮説をもつ段階の評価場面として設定したのは，「切り込みの入った金属板の温まり方」について予想する場面である。ここでは，子どもは既に「金属棒の温まり方」，「金属板の温まり方」を学習し，金属は熱源から順に温まることを習得している。その知識を「切り込みの入った金属板」に適用させて予想する場面である。

　金属板の形状が変わっても，熱源から順に温まるという金属の温まり方の規則性を理解していれば，妥当な予想が立てられるだろう。その予想にかかわる子どものノート記述を，「科学的な思考・表現」の評価対象とした。判定基準は，以下のように設定した。

おおむね満足（B評定）	十分満足（A評定）
金属板の温まり方について，温度変化と関係付けて予想を表現している。	金属板の温まり方について，明確な根拠を示して予想を表現している。

■Bと評価した例　　■Aと評価した例　　■Cと評価した例

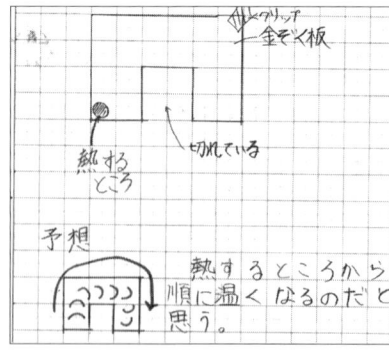
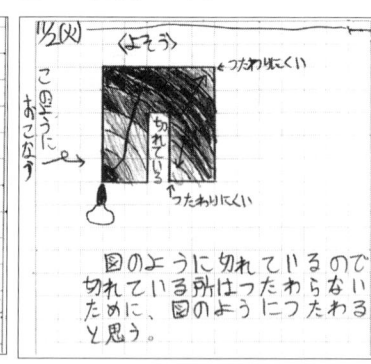
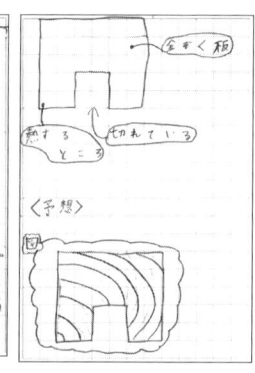

第2章 「科学的な思考・表現」の指導と評価のポイント

【判断のポイント：B】
切れ込みのある金属板の温まり方を予想したときに，温まる様子を図と言葉で表現している。

【判断のポイント：A】
温まり方の予想を図と言葉で表現するだけでなく，予想の根拠も明確に記述している。

【指導の手だて：C】
予想の図に言葉の説明がないので，予想の理由を言葉で補足させる。

❷ 示温インクの変化と温度変化とを関係付けて水の冷え方を考える場面

結果から考察し結論を出す段階での評価場面は，「水の冷え方」について調べる場面である。ここでは，「水の温まり方」を学習し，温められた水が水面へ移動し，水が動きながら全体が温まっていくこと（対流）を習得している。その知識を「水の冷え方」に適用させて予想し，実験で調べ，結果から水の温まり方の規則性をまとめる場面である。

水を冷やすという加熱とは逆の温度変化ではあるが，水の温まり方の規則性を理解していれば，妥当な予想を立て実験結果を適切にとらえ，考察することができるだろう。その考察にかかわる記述を，「科学的な思考・表現」の評価対象とした。ここでの判定基準は以下のように設定し，子どものノート記述を評価した。

おおむね満足（B評定）	十分満足（A評定）
示温インクの色の変化と温度変化を関係付けて，水の温まり方について自分の考えを表現している。	示温インクの色の変化と水の温まり方を関係付けて，水が動いていく理由について自分の考えを表現している。

■Bと評価した例

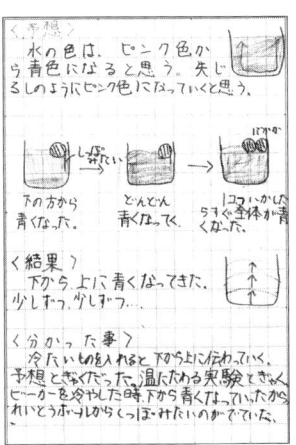

■Aと評価した例

■Cと評価した例

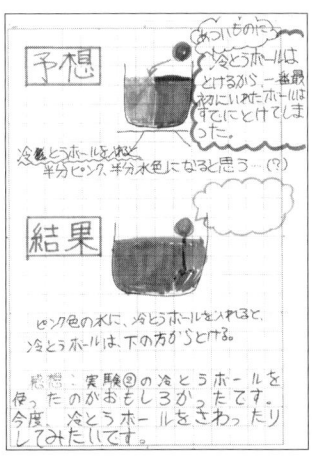

【判断のポイント：B】	【判断のポイント：A】	【指導の手だて：C】
水を冷やしたときの変化について，水を温めたときの変化を基に予想し，実験結果と予想とを比べて考察している。	水を温めたり冷やしたりする実験を総合的に見て，水の温まり方についてまとめるとともに，風呂での体験も関係付けて考察している。	実験結果はきちんと記述しているが，結果や感想に止まっている。変化の理由について自分の考えを記述するように助言する。

3 記述分析のポイント

「科学的な思考・表現」の観点から子どもの記述を分析するポイントとして考えられることには，以下の点がある。

> ○実験データを適切に反映させた考察を導き出しているかどうか。
> ○論理的な矛盾や飛躍がないかどうか。
> ○実験結果から考察した結論を相手に分かりやすく表現できているかどうか。

例えば，予想場面では，子どもは，既習経験や生活経験から得た知識を基にして，課題への予想を考える。ここで大切なのは，予想の段階で間違った考えをしていても，子どもなりの根拠があることである。根拠をもった予想をさせることで，思考していることが表出してくるからである。

また，考察場面では，実験から得た実験データを基に，予想の段階で書いた記述や図を見直すことになる。ここでは，データに裏付けられた図やその説明の記述ができたかどうかを評価したい。考察では，実験データと予想や仮説を照らし合わせながら考え，自分の考えを見直して学習カードの図や記述として表現していることが大切である。実験データを反映しない考察は結論の根拠が乏しく，科学的に妥当な考察とは言い難い。

次に，論理的に矛盾や飛躍がないかを分析し評価する。1つの実験結果だけで結論付けるよりは，複数の実験結果から多面的に考察したり，他の学習場面と関係付けたりして結論を導き出している方が，科学的な思考が発揮されていると判断できる。

最後に，考察した結論を相手に分かりやすく表現できているかどうかを評価する。自分では理解しているつもりで表現しても，相手が理解不可能な表現しかできない場合には，説明者自身が「分かったつもり」のことが多い。分かりやすく説明するため，モデル図や絵，グラフ，たとえなど相手の理解を促すツールを適切に活用できたか評価する。

第3節

高学年における「科学的な思考・表現」の指導と評価の具体例

　ここでは，6年「てこの規則性」の内容について，具体的な評価例と判断のポイントを示そう。

1 てこが釣り合うときのおもりの重さと支点からの距離を関係付けて考える場面

　中学年における評価と同様に，国立教育政策研究所の示した評価規準（B評定）の文言を参考に，学校の実態等を踏まえて，A評定に該当する判定基準を設定した。

　結果から考察し結論を出す段階での評価場面として設定したのは，「てこが水平に釣り合う場合のおもりの重さと支点からの距離との関係」について調べる場面である。ここでは，子どもは実験結果を表などにまとめることで，重さと距離との関係について規則性を見いだしていく。ここでの判定基準は，以下のように設定した。これらの判定基準を適用して子どものノート記述を評価するとともに，その後の指導につなげていく。

おおむね満足（B評定）	十分満足（A評定）
てこが釣り合うときのおもりの重さと支点からの距離を関係付けて考えている。	左右の傾ける働きの大きさについて式や反比例の考えなどを使ったり，他の事象にきまりを適用させたりして説明できる。

■Bと評価した例　　■Aと評価した例　　■Cと評価した例

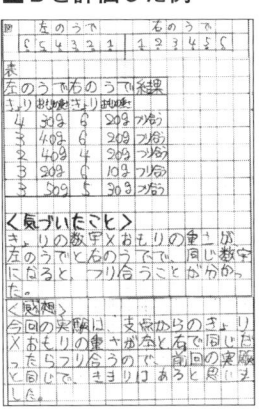
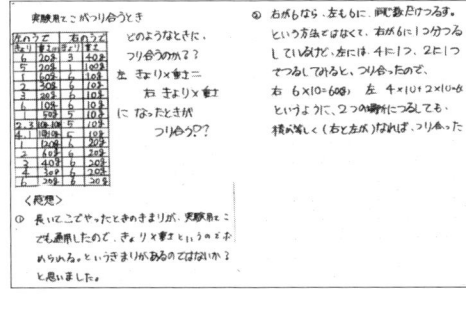

【判断のポイント：B】	【判断のポイント：A】	【指導の手だて：C】
おもりの重さと支点からの距離の積に着目して実験に取り組んでいる。	大型てこを使った実験と比較しつつ、明確な予想をもって実験に取り組むことが読み取れるだけでなく、複数の位置におもりを下げた場合も、きまりを使って説明しようとしている。	きまりを式で表現させた後、実際の数値を入れて、釣り合う場合の距離と重さの関係を明らかにした記述をさせる。

2 「科学的な思考」を表現させて、指導に生かす「活用課題」の事例

　ノート記述など「書く活動」で残された記録から評価することで、評価活動をきめ細かく適切に行うことができる。

　また、授業における子どもの言動を評価し、その場ですぐに指導することで、誤解や曖昧な理解を修正することもできる。評価活動は書く活動だけに偏ることなく、発言や行動の評価もバランスよく取り入れることも重要である。子どもの理解状況が言動に現れやすい場面を設定して、評価することが大切なポイントである。

　例えば、「てこのきまり」を学習した後、子どもがそのきまりをどれくらい他の場面に適用できるのかを確認する「活用課題」を設定するとよい。

　簡単な方法としては、次のような課題を提示したらどうだろう。これは、東京書籍の教科書『新しい理科6』p.129にある課題で、既に水平に釣り合っているてこ実験器に、新たなおもりを左右のうでに追加するという内容だ。子どもの中には、同じ重さを追加するのだから、傾きは変わらないと予想する者が出てくる。棒の傾きは、「おもりの重さ×支点からの距離」で算出するのに、つい「重さ」だけに着目して判断してしまうのだ。こ

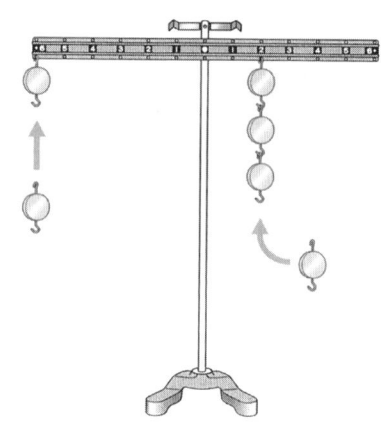

出典：東京書籍『新しい理科6』p.129

こで、きまりの理解や思考力を確認することができる。

　この問題では、多くの子どもが追加後の状態、つまり、左のうでにおもりを2個、右のうでにおもりを4個下げた状態から、計算で傾く働きを算出する。しかし、この方法では、きまりの公式を単に適用するだけである。ここでは、おもりを追加する前の状態、つまり、水平に釣り合っている状態を「傾ける働きがゼロ」と見なすことができるかど

うかがポイントである。「ゼロ」と見なすことができれば，追加するおもりだけを意識すればよい。追加されるおもりは左右とも同じ10ｇだが，位置が違うので，傾くことが容易に予想できる。この場面の解説をノート等に記述させれば，記録分析によって思考の評価が可能となる。

◆「きまり」の拡張を図る活用課題

「きまり」の理解確認ができたら，「きまり」の適用範囲を拡張させる課題に挑戦させたい。例えば，下の図のようにたくさんのおもりが下がった状態をつくる。

この図のように複数の位置におもりを下げるという状態は，子どもが遊びの中でよく体験するが，教科書では左右のうでに１カ所ずつおもりを下げる場面しか扱わないので，このような状態に「てこのきまり」を適用させるような授業はあまりない。

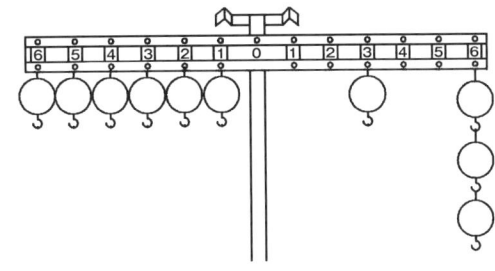

しかし，てこ実験器が水平に釣り合っているのだから，「てこのきまり」が通用すると考えることも可能である。１カ所ずつのおもりに着目して「傾ける働き」を算出すると，

左：$10×6+10×5+10×4+10×3+10×2+10×1=210$

右：$30×6+10×3=210$

となり，左右の傾ける働きが等しくなる。

このように，１カ所ごとに分けて算出した「傾ける働き」は，それぞれを加えることで，うで全体の「傾ける働き」を算出することができる。つまり，「てこのきまり」は，複数の位置におもりを下げても適用できることが分かる。このような課題は，「てこのきまり」の適用範囲を拡張させる働きがあるので，たいへん効果的な活用課題である。

◆式の意味を記述させる

ところが，この活動を実際にやってみると，式を立てて解答を導き出し，左右の数値が等しくなるところまでは，ほとんどの子どもが到達できる。つまり，算数的な操作までは容易に到達できるのだ。しかし，ここで自分たちが立てた式の意味を「言葉」で記述するように指示すると，多くの子どもが困惑する。計算はできても，その意味が説明できない子どもが多くいることが分かる。

それぞれのおもりが傾ける働きをするので，それぞれの働きを加えることで，棒全体の傾ける働きとなる。このことが説明できれば，てこの規則性を活用する場面でもきまりを適用することができたと判断できる。式で計算はできても，この説明に苦労している子どもは，きまりの意味を十分に理解しているとは言えないと判断できる。

その場合は，1カ所のおもりを実験器から外してみせるとよい。外した方のうでは，傾ける働きが小さくなるので持ち上がってしまう。再びおもりを下げれば，腕は水平に釣り合う。このことから，おもりそれぞれが傾ける働きをしていることに気付くだろう。このように，誤解や理解不足が把握できた時点で，修正を促す教師の適切な指導を行うことが指導と評価を一体化させる上で重要である。

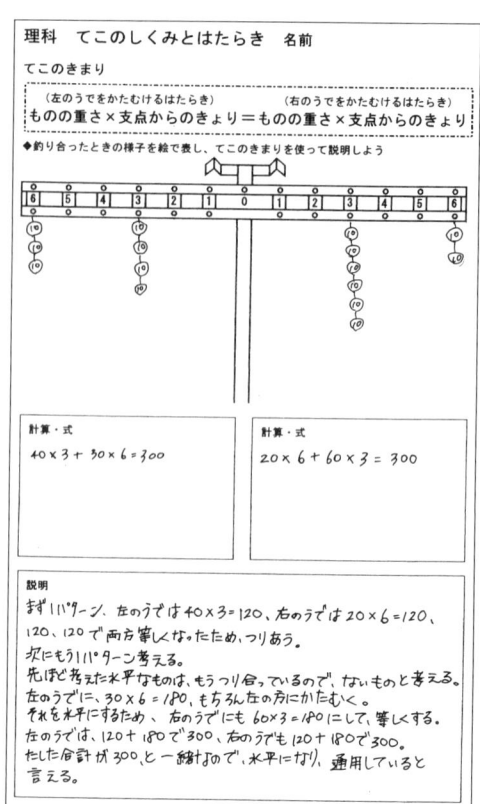

【式の意味を言葉で説明する】

引用文献

村山哲哉・森田和良編著『観点別学習状況の評価規準と判定基準 小学校理科』（図書文化）

第3章

「科学的な思考・表現」の指導と評価の実際

第3学年
【A 物質・エネルギー】
- 物と重さ　26
- 風やゴムの働き　31
- 光の性質　36
- 磁石の性質　41
- 電気の通り道　47

【B 生命・地球】
- 昆虫と植物　52
- 身近な自然の観察　57
- 太陽と地面の様子　62

第4学年
【A 物質・エネルギー】
- 空気と水の性質　67
- 金属，水，空気と温度　72
- 電気の働き　77

【B 生命・地球】
- 人の体のつくりと運動　82
- 季節と生物　87
- 天気の様子　92
- 月と星　97

第5学年
【A 物質・エネルギー】
- 物の溶け方　102
- 振り子の運動　107
- 電流の働き　112

【B 生命・地球】
- 植物の発芽，成長，結実　117
- 動物の誕生　123
- 流水の働き　128
- 天気の変化　133

第6学年
【A 物質・エネルギー】
- 燃焼の仕組み　138
- 水溶液の性質　143
- てこの規則性　148
- 電気の利用　153

【B 生命・地球】
- 人の体のつくりと働き　158
- 植物の養分と水の通り道　163
- 生物と環境　168
- 土地のつくりと変化　173
- 月と太陽　178

第3学年　【A　物質・エネルギー】

物と重さ

1 単元の目標

　物と重さについて興味・関心をもって追究する活動を通して、物の形や体積、重さなどの性質の違いを比較する能力を育てるとともに、それらの関係の理解を図り、物の性質についての見方や考え方をもつことができるようにする。

2 本単元での指導と評価のポイント

(1) 体感を重視する

　本単元に関する学習経験がないため、共通体験を十分に確保する必要がある。ここでは、物質は粒子でできているという概念を形成することよりも、物質に触り、重さや体積の違いを比較することで物の性質について感覚的にとらえることが大事である。思いつきではなく、具体物にいつでも触れるようにし、体感する時間を多くすることで多くの気付きを得させ、それを基に、子どもたちが考えをつくっていくことを大切にしていく。

(2) 自分の考えをはっきりさせるための学習形態を工夫する

　科学的な思考ができるようになるためには、見いだした問題に対して根拠があり、友達を納得させることができる考えをもつことが大切である。3年生の発達を考え、まずは予想の場面で、自分なりの考えをしっかりともつことが大事である。

　そこで、個から小グループ、小グループから全体というように、段階に分けて自分の予想を話す活動を取り入れた。小グループ活動では、自分の意見を言いやすく、友達の考えも詳しく聞くことができる。こうした場の設定により、個では考えをしっかりともてていない子どもも、自分なりの考えをきちんともつことができる。自分の考えをはっきりさせた上で全体の話し合いに参加することで、自分の考えもより深まると考える。

(3) 算数科の学習との関連を図る

　体感に基づく重さの比較とともに、てんびんや自動上皿ばかりを用いて数値化を行う。その際、機器の選択、使用方法や重さの単位については、算数科の学習（第3学年「重さ」）との関連を図るようにする。

第3章 「科学的な思考・表現」の指導と評価の実際　第3学年

3 指導と評価の計画（全8時間）

	学習活動	評価規準
第1次 4時間	【活動のきっかけ】 ○様々な物の重さ比べをする。 ○体積が同じ2つの物の重さを比較する。 **問題** 体積が同じでも，物によって重さが違うのだろうか。 ○同じ体積のもの（金属，木，プラスチック）の重さについての重さの順について予想や仮説をもつ。 ○てんびんや自動上皿ばかりを使う実験方法を考える。 ○同じ体積のもの（金属，木，プラスチック）の重さを調べ，表にまとめる。 ○まとめたことを基に重い順に並び替える。 ○予想や仮説と同じだったところと違ったところをまとめる。 ○まとめをする。 **見方や考え方** 物は体積が同じでも重さは違うことがある。	◆関心・意欲・態度① 物の体積と重さの関係に興味・関心をもち，進んで物の性質を調べようとしている。 ◆思考・表現① 物の体積を同じにしたときの重さを比較して，予想や仮説をもち，表現している。 ◆技能① てんびんや自動上皿ばかりを適切に使い，記録している。 ◆思考・表現② 物の体積を同じにしたときの重さを比較して，それらを考察し，自分の考えを表現している。 ◆知識・理解① 物は体積が同じでも，重さは違うことがあることを理解している。
第2次 4時間	【活動のきっかけ】 ○重さを同じにすると体積が同じになることを確認し，形を変えると重さは変わるのかを問いかける。 **問題** 物の形を変えると，重さは変わるのだろうか。 ○ペットボトル，アルミ缶，折り紙の形を変えたときの重さについての予想や仮説をもつ。 ○どのようにして重さを比較すればよいか，実験方法を考える。 ○ペットボトル，アルミ缶，折り紙の形を変え，てんびんや自動上皿ばかり，電子てんびんを用いて重さを比べる。 ○実験結果を表にまとめる。 ○予想や仮説と同じだったところと違ったところをまとめる。 ○物の形を変えると重さはどうなるのかについて，実験結果から考える。 ○まとめをする。 **見方や考え方** 物は形が変わっても重さは変わらない。	◆思考・表現③ 物の形を変えたときの重さを比較して，予想や仮説をもち，表現している。 ◆技能② 物の形と重さの関係について体感を基にしながら調べ，その過程や結果を記録している。 ◆思考・表現④ 物の形を変えたときの重さを比較して，それらを考察し，自分の考えを表現している。 ◆知識・理解② 物は，形が変わっても重さは変わらないことを理解している。 ◆関心・意欲・態度② 物の形や体積と重さの関係を適用し，身の回りの現象を見直そうとしている。

4 「科学的な思考・表現」の指導と評価の実際 （第2次，第5時）

(1) 本時の目標
物の形を変えたときに重さがどのように変化するかについて，体感や生活経験，学習経験を根拠とした自分の考えを表現し，考えを明らかにする見通しをもつことができる。

(2) 本時の展開

主な学習活動	教師の支援◇　評価◆
【活動のきっかけ】 ○重さを同じにすると体積が同じになることを確認し，形を変えると重さは変わるのか考える。 ・同じものを使っているのだから，重さは変わらないのでは。 ・つぶしたり丸めたりすると厚いところができるから重くなりそうです。 ○空き缶，折り紙を渡し，実際に持って考える。 ・空き缶の重さは変わりそうだけど，折り紙の重さは変わらないかもしれないな。	◇てんびんの上に空き缶をのせ，釣り合っている状態を見せた後，片方の空き缶をつぶす。その後，投げかけることで，視覚的に分かりやすくする。同様のことを折り紙でも行う。 ◇空き缶の使い方には安全指導をする。 ◇折り紙は好きな形にして比べてよいこととする。 ◇子どもの素朴な考えも板書する。

問題 物の形を変えると，重さは変わるのだろうか。

○物の形を変えたときの重さについて予想する。 ・空き缶の形を変えると重さは変わるけど，折り紙の形を変えても重さは変わらないと思います。なぜなら，固いものを固めたら重くなるからです。 ・物の形を変えても重さは変わらないと思います。なぜなら，形を変えても同じものだからです。 ○小グループで話し合い，より確かになった予想を全体に発表する。 ・友達の意見を聞いて，物の形を変えると重さは変わると思いました。理由は，両方同時にものを落としたときに，形を変えた方がはやく落ちたからです。実際にやってみるとこうなります。 ・友達の意見を聞いても自分の意見は変わりませんでした。 ○自分の考えを確かめられる実験方法を，今までの学習を生かして考える。 ・重さを比べるのだから，てんびんやはかりを使った方がいいと思います。 ・同じものを使って比べないと，比べたことにならないから，同じものを2つ用意しなければいけないと思います。	◆思考・表現② 物の形を変えたときの重さを比較して，予想や仮説をもち，表現している。 〈記録分析〉 ◇言葉での表現方法が分からない子のため，話型を提示する。 ◇言葉では説明しづらい子やより具体的に自分の考えを説明したい子のため，モデル図を示し，考えを表出させる。 ◇具体物を子どもがいつでも触って，気付きを得たり考えを確かめたりできるように手元に置いておく。 ◇小グループで話し合う目的は，自分の立場をはっきりさせるためであることを伝える。 ◇一人当たりの制限時間を決め，発言者は自分の立場，理由を言い，聞いた子は質問，感想を言うこととする。 ◇友達の話を聞く中で，納得できるものであれば，立場を変えてよいこととする。 ◇今までに学習したことを使って，調べる方法を考えさせる。 ◇準備するものと手順に分けて考えさせることで，思考を整理し，考えやすくする。

第3章 「科学的な思考・表現」の指導と評価の実際　第3学年

(3) 指導と評価の実際　【問題から予想を立てる場面】

> 　ここでは，「物の形を変えると，重さは変わるのだろうか」という問題を，話型，モデル図を活用して友達に視覚的にも分かりやすく表現できるようにし，子どもが科学的に思考できたかどうか，また，自分の考えを分かりやすく表現できているかどうかを，ノートの記述から分析する。
>
> 　まず，共通体験を基に問題をつくる。子どもは，その後，生活経験や共通体験，小グループや全体での話し合いで確かにした自分の予想を書くことになる。
>
> 　記述の分析にあたっては，問題に対する自分の立場をはっきりさせることができているか，生活経験や共通体験を基に，予想が立てられているか，考えが説明として妥当であるか（飛躍していないか）といった視点から見ていく。

① 「おおむね満足」と判断できる子どもの評価例

　B児は，問題をつくる際の共通体験をする前に，「物の形を変えても重さは変わらないのではないか」という考えをもっていた。

　共通体験を行った上で，友達の考えを聞いて，折り紙が落ちるスピードの違いは，重さが原因ではないことに納得し，予想を立てることができた。

　絵や言葉を使って，詳しく自分の考えを説明することができたが，空き缶に対する考えが明らかにされていない。さらに，落ちるスピードが重さに関係ないことは分かるが，同じ重さであることの説明は不十分である（元々の材質が同じだから等の説明があれば十分と考える）。

　しかし，自分が体験したことを根拠として理由を記述できているので「おおむね満足」している状況であると判断できる。

【実験前のB児のワークシート】

② 「十分満足」と判断できる子どもの評価例

　A児は，学習問題をつくる際の共通体験の前に，「ものの形を変えたら重さは変わる

29

のではないか」という考えをもっていた。共通体験を行い，自分の感覚で重さが違うことを確認し自分の考えを深め，自分の経験を根拠に仮説を立てることができた。

さらに，友達の発表を聞いて，絵を使って自分の考えを説明した方が分かりやすくてよいと判断し，音の違いを絵と言葉で説明することができた。

こうしたことから，缶や折り紙を扱う体験を十分に行い，学習形態を工夫し，友達の表現のよさを知ることで，学級全体が納得のいく説明ができるようになったと考えられる。

```
ものの形をかえると重さはかわる
のだろうか
予想
ものの形を小さくすると重くなる
と思う。
なぜなら持ってみて，重さがちが
ったからです。

    〇←カンッ   ☁←カラン

音がちがうから
 { つぶしていないとき＝カンッ
 { つぶしているとき＝カラン
```

【実験前のA児のワークシート】

この説明内容から，科学的な思考・表現は，「十分満足できる」状況であると判断した。

③ 「努力を要する」と判断した子どもの評価例と指導の手だて

　C児は，形を変えた場合の物の重さについて，「空き缶の場合は変わるけど，折り紙は変わらない気がする」と考えていた。そう考える根拠をたずねたところ，「何となく」ということであった。共通体験後の話し合いの中でも，友達の考えを取り入れたり，自分の考えを分かりやすく友達に説明したりすることができておらず，話し合いを通しても，自分の予想の根拠を明確にすることはできなかったため，「努力を要する」状況にあると判断した。

　そこで，重さが「変わる」という立場と「変わらない」という立場双方の友達の考え方を紹介し，対話を促し，そのかかわりの中で自分の考えを明らかにしていけるように支援した。

☞ここがポイント！ 村山教科調査官メモ

　本事例は，物の重さについて予想する場面を取り上げている。諸感覚を使うだけでなく，子どもに上から落としてみるなどの操作をさせて，予想に対する根拠をもたせているところに工夫がある。

第3学年 【A 物質・エネルギー】

風やゴムの働き

1 単元の目標

風やゴムの働きについて興味・関心をもって追究する活動を通して，風やゴムの力を働かせたときの現象の違いを比較する能力を育てるとともに，それらについての理解を図り，風やゴムの働きについての見方や考え方をもつことができるようにする。

2 本単元での指導と評価のポイント

(1) 風やゴムの「力」を図で表させる

風やゴムが対象物に働きかけた「力」は目に見えない。見えるのは，「対象物がどれだけ動いたか」ということである。実験の結果を基に矢印で力を書き表させることで，「対象物の動いた結果」と「風やゴムが対象物に働きかけた力」を結び付けてイメージできるようにした。

(2) 実験を複数回実施させ，結果の傾向をつかませる

本単元では「車」を用いて実験を行った。風やゴムの働きが車をどれくらい動かすか，という実験を行わせたのだが，風の帆への当たり方やゴムを引っ張る角度などで，実験結果が大きく変わることがある。そこで，一度だけではなく何度も繰り返し実験を行わせて記録をとらせることで，おおまかな傾向がつかめるようにした。

(3) 風やゴムのエネルギーをコントロールすることを意識させる

子どもたちは，生活科（動くおもちゃづくり）においても同様の内容を学習しているが，そこでの経験と本単元の学習との大きな違いは，風やゴムの力をコントロールするという視点である。子どもたちの意識は，自然と「より速く」「より遠くへ」という方向へ向かい，ともすると，動力の強さと移動距離との関係への注意がおろそかになることがある。そこで，第3次では，決められた位置に車をピタリと止めるためには，動力をどのように制御すればよいか，という学習課題を設定する。これにより，第2次までの学習を活用しながら，動力の強さと移動距離との関係に，より意識を向けさせることができると考える。

3 指導と評価の計画（全9時間）

	学習活動	評価規準
第1次 3時間	【活動のきっかけ】 ○風で動く車をつくり，うちわであおいで車が動く様子を観察する。 **問題** 風の強さを変えると，物の動き方はどのように変わるのだろうか。 ○風の強さを変えると，自動車の動きはどのように変わるのか，予想する。 ○実験を行い，ワークシートに結果を記入する。 ○全体の結果から，風の強さと車が進む距離についてどのようなことが言えるかを考え，発表する。 **見方や考え方** 風には物を動かす働きがある。物を動かす働きは，風が強くなるほど大きくなる。	◆関心・意欲・態度① 風によって車が動く現象に興味・関心をもち，自ら風の働きを調べようとしている。 ◆技能① 送風機の操作や車の置き方に気を付けて，適切に実験している。 ◆思考・表現① 風の強さと車が動いた距離について，実験結果と予想と照らし合わせて考察し，自分の考えを表現している。
第2次 4時間	【活動のきっかけ】 ○ゴムを伸ばしたり，ねじったりして，ゴムが元に戻ろうとする力を体感する。 ○ゴムで動く車につくりかえる。 **問題** ゴムの伸ばし方や本数を変えると，物の動き方はどのように変わるのだろうか。 ○ゴムの伸ばし方や本数を変えると，車の動きはどのように変わるのか，予想する。 ○実験を行い，ワークシートに結果を記入する。 ○全体の結果から，ゴムの伸ばし方や本数と車が進む距離についてどのようなことが言えるかを考え，発表する。 **見方や考え方** ゴムには物を動かす働きがある。物を動かす働きは，ゴムを長く伸ばしたり本数を増やしたりするほど大きくなる。	◆関心・意欲・態度② ゴムによって車が動く現象に興味・関心をもち，自らゴムの働きを調べようとしている。 ◆技能② ゴムを伸ばす距離や本数と，車の置き方に気を付けて，適切に実験している。 ◆思考・表現② ゴムの伸ばし方や本数と車が動いた距離について，実験結果と予想と照らし合わせて考察し，自分の考えを表現している。
第3次 2時間	**問題** 風やゴムの力を利用して，設定されたところまで車を動かせるだろうか。 ○風の強さを変えたりゴムの伸ばし方や本数を変えたりして，設定されたゴール内で車が止まるように走らせる。 **見方や考え方** 風やゴムの働きを調節すると，思ったように物を動かすことができる。	◆知識・理解① 車が動く距離は，風の強弱やゴムの伸ばし方・本数によって変わることを理解している。

第3章 「科学的な思考・表現」の指導と評価の実際　第3学年

4 「科学的な思考・表現」の指導と評価の実際（第2次，第5・6時）

(1) 本時の目標

ゴムの伸ばし方によって車がどのくらい進むのかを適切に実験を行って調べ，ゴムの伸ばし方と車が動く距離について，実験の結果と予想や仮説を照らし合わせて考察し，自分の考えを表現することができる。

(2) 本時の展開

主な学習活動	教師の支援◇　評価◆
【活動のきっかけ】 ○ゴムを伸ばしたり，ねじったりして，ゴムが元に戻ろうとする力を体感する。 ○ゴムで動く車につくりかえる。	◇ゴムを伸ばしたり，ねじったりした後に，力をゆるめると元に戻る力が働くことから，この力を利用して車を動かす工夫をするように助言する。

問題　ゴムの伸ばし方を変えると，物の動き方はどのように変わるのだろうか。

○ゴムの伸ばし方を変えると，車の動きはどのように変わるのかを予想し，発表する。 ・輪ゴムを指で引っ張って飛ばすときは，長く伸ばした方が遠くまで飛ぶから，車もゴムを長く伸ばした方が遠くまで動くと思う。 ・車は重いから，ゴムを伸ばす長さを変えても動く距離は変わらない。 ○ゴムを伸ばす長さと発射台への設置の仕方を確認する。 ○実験を行い，ゴムの伸ばし方と車が進む距離について調べる。 ・ゴムでも車は動いた。 ・ゴムを○cm伸ばしたときは，○mまで進んだ。 ○実験の結果をワークシートに記入する。 ○ゴムの力のイメージをワークシートに記入し，全体の結果を踏まえ，ゴムの伸ばし方と車が進む距離についてどのようなことが言えるかを考え，発表する。 ・ゴムの伸ばし方と車が進む距離は関係がある。 ・ゴムを長く伸ばした方が，車は遠くまで進む。 ・ゴムをあまり伸ばさないと，車もあまり進まない。 ・ゴムを長く伸ばすと，物を動かす働きが大きくなる。	◇ゴムの伸ばし方によって元に戻ろうとする力がどのように変わったのかを思い出させて，ゴムの伸ばし方を変えると車の動きがどのように変わるかを予想させる。 ◇遊びの中でゴムを使った体験を思い出させる。 ◇ゴムを伸ばす長さは「5cm」「10cm」「15cm」で行うことを指示する。 ◇発射台に設置する場所を設定し，一方向に車が進むよう助言する。 ◇車が動いた距離とゴムの力を関係付けて考えるよう助言する。 ◆思考・表現② 　ゴムの伸ばし方と車が動いた距離について，実験結果と予想や仮説を照らし合わせて考察し，自分の考えを表現している。 〈記述分析〉

見方や考え方　ゴムには物を動かす働きがある。物を動かす働きは，ゴムを長く伸ばすほど大きくなる。

(3) 指導と評価の実際　【実験結果から結論をまとめる場面】

　　ここでは，「ゴムを伸ばす長さと車が進む距離の関係」について，実験結果を視覚的にとらえやすい表を用いて記録させるとともに，ゴムが車を動かそうとする力についてイメージ図を用いて視覚的に表現できるようにし，子どもが科学的に思考できたかどうか，また，自分の考えを分かりやすく表現できているかどうかを，ワークシートの記述から分析する。

　　分析にあたっては，条件を変えた実験結果を比較して考えられているか，単一の結果ではなく全体の結果から傾向をとらえようとしているか，風やゴムの「力」のイメージを矢印で書き表せているか，といった視点から見ていく。

① 「おおむね満足」と判断できる子どもの評価例

　B児は，車が進んだ距離を正確に記録することができた。また，車が進んだ距離の記録から，車を動かす力を矢印で表すこともできていた。ところが「ゴムを伸ばす長さ」と「車を動かす力」について分かったことを文章で表現させてみると，「動かす力」ではなく「どれだけ進んだか」を書いていた。ただし，矢印の長さを適切に書き分けることはできており，「ゴムを伸ばす長さ」と「車が進んだ距離」を関係付けて表現することができているので，「おおむね満足できる」と判断した。

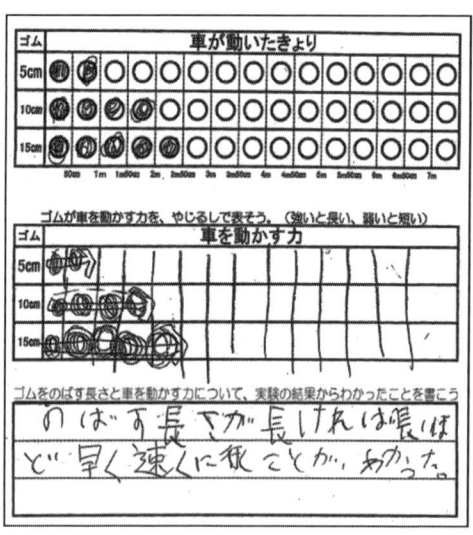

【B児のワークシート】

② 「十分満足」と判断できる子どもの評価例

　A児は，車が進んだ距離を正確に記録することができていた。また，車が進んだ距離の記録から，車を動かす力を矢印で表すこともできていた。さらに，A児は，矢印の長さだけではなく太さまで書き分けていた。

　また，「ゴムを伸ばす長さ」と「車を動かす力」について分かったことを文章で表現させてみると，ゴムを伸ばす長さと車を動かす力を関係付けて表現することができてい

た。これらのことから、実験結果を基に「ゴムが物を動かす働き」について十分考えることができていると判断し、「十分満足できる」と判断した。

③ 「努力を要する」と判断した子どもの評価例と指導の手だて

C児は、車が進んだ距離を記録することができていた。また、車が進んだ距離の記録から、車を動かす力を矢印で表すこともできていた。ところが「ゴムを伸ばす長さ」と「車を動かす力」について分かったことを文章で表現させてみると、「ゴムを伸ばす長さ」にも「車を動かす力」にも「車が動いた距離」にも言及しておらず、単に「ゴムの力で車が動く」としか表現していなかった。このことから、C児は、実験を行い結果を記録することはできるが、その結果を基に思考することができないと判断し、「努力を要する」と評価した。

C児には、「ゴムの伸ばし方を変えると、物の動き方はどのように変わるのだろうか」ということが問題だったことを思い出させ、「問題に対して実験の結果からどのようなことがわかるか」を考えるよう助言した。

【A児のワークシート】

【C児のワークシート】

☞ここがポイント！ 村山教科調査官メモ

本事例は、ゴムを伸ばす長さと車が進む距離の関係について結果から結論をまとめる場面を取り上げている。実験結果を数値だけでなく、視覚でとらえ、比較しやすいように学習カードを工夫している。

第3学年　【A 物質・エネルギー】

光の性質

1 単元の目標

　光の性質について興味・関心をもって追究する活動を通して，光の明るさや暖かさの違いを比較する能力を育てるとともに，それらについての理解を図り，光の性質についての見方や考え方をもつことができるようにする。

2 本単元での指導と評価のポイント

(1) 鏡などを使って光遊びを行う場を設定する

　光がもつ不思議さ・面白さなどに気付く学習経験や生活体験が十分でない場合も多くある。光のように抽象的な内容を含む領域は，直接ふれあう活動や体験を保障し，子どもたちが自ら感じ取れるようにする必要がある。導入時に，日常生活の中にあるいろいろな光や，子どもたちが考えている光を学級全体で話したり，的当てゲームなどを設定したりすることで，本単元で光の進み方や光の明るさや暖かさについて考えるときに想起させることができ，子どもたちが筋道立てて考えるきっかけとなるようにする。

(2) 光のイメージを共有する

　光は，目の前には漠然と見えていても，子どもにとっては具体的にとらえにくい。そこで，まず学級全体で光についてのイメージを共有しておく必要がある。文章だけでなく，絵や図で光をかき，学級で話し合う時間を設ける。絵や図を提示するだけでなく，セロハンを反射した光に見立て，セロハンの「色の濃さ」によって，光の「明るさ」「暖かさ」を説明させる。

(3) 表やグラフを使って表現し，比較できるようにする

　明るさや暖かさを鏡の枚数で比較した際に，子どもは体感したことだけでは違いをとらえにくい。体感にも違いが大きく出てくるので，体感による結果だけでなく，棒温度計や放射温度計を用い，数値で表すようにする。さらに，結果を比べやすいように，表やグラフに記録させることにより，比較できるようにする。各班で出た結果を一覧表にし，全体の傾向を視覚的に分かりやすくする。

第3章 「科学的な思考・表現」の指導と評価の実際　第3学年

③ 指導と評価の計画（全6時間）

	学習活動	評価規準
第1次 3時間	【活動のきっかけ】 ○鏡で日光をはね返して，的当てゲームなどをしながら，光の進み方について興味・関心をもつ。 **問題** 鏡ではね返した光は，どのように進むのだろうか。 ○鏡ではね返した光の進み方について予想や仮説をもつ。 ○光の進み方を調べる実験の方法や計画を立て，実験する。 ○実験結果から光の進み方について考え，発表する。 **見方や考え方** 鏡ではね返した光は，直進する。	◆関心・意欲・態度① 平面鏡や虫眼鏡に日光を当てたときの現象に興味・関心をもち，進んで光の性質を調べようとしている。 ◆思考・表現① 光を働かせたときとそうでないときの現象や，光を集めたときの物の明るさや暖かさを比較して，それらについて予想や仮説をもち，表現している。 ◆技能① 平面鏡や虫眼鏡を適切に使って安全に実験やものづくりをしている。 ◆知識・理解① 日光は集めたり反射させたりできることを理解している。
第2次 3時間	**問題** 光を重ねると，明るさや暖かさはどうなるのだろうか。 ○鏡で日光を重ねたときの明るさや暖かさについて予想や仮説をもつ。 ○明るさや暖かさを比べて調べる実験の方法や計画を立て，実験する。 ○実験結果から明るさや暖かさについて考え，発表する。 **見方や考え方** 光を重ねれば重ねるほど，明るく暖かくなる。 **問題** 虫眼鏡で光を集めると，鏡と同じように明るく暖かくなるだろうか。 ○虫眼鏡を通った太陽の光を紙に当てる。 ○虫眼鏡を紙に近づけたり遠ざけたりして明るさや暖かさを比べて調べる。 ○実験結果から虫眼鏡で集めた光の明るさや暖かさについて考え，発表する。 **見方や考え方** 虫眼鏡で光を集めると，鏡と同じように明るく暖かくなる。	◆思考・表現② 光を重ねたときとそうでないときの現象や，光を集めたり重ね合わせたりしたときの物の明るさや暖かさを比較して，それらを考察し，自分の考えを表現している。 ◆知識・理解② 物に日光を当てると，物の明るさや暖かさが変わることを理解している。 ◆技能② 光を反射させたり集めたりしたときの明るさや暖かさの違いを調べ，その過程や結果を記録している。

4 「科学的な思考・表現」の指導と評価の実際 （第2次，第4・5時）

(1) 本時の目標

鏡に反射した光を重ねる実験を通して，光を集めると明るくなることに気付き，明るくなるわけを図などを基にして説明することができる。

(2) 本時の展開

主な学習活動	教師の支援◇　評価◆
【活動のきっかけ】 ○的当てゲームや光について学級で話し合ったことを想起させる。 ・みんなで的当てをしたら，友達の光と重なったことがあった。 ・日陰の的に当てるとき，日なたで光を集めて，暖かかった。	◇的当てゲームをしたときに，友達の光と重なったことを視覚的に分かりやすくするために，デジタルカメラで記録しておいたものを提示し，気付いたことを発表させる。 ◇明るさと暖かさの視点の意見を取り上げ，日光がたくさん当たると明るさや暖かさはどうなるのか調べることを方向付ける。

> **問題** 光を重ねると，明るさや暖かさはどうなるのだろうか。

○鏡で日光を重ねたときの明るさや暖かさについて予想や仮説をもつ。 ・明るくなる。 ・たくさん当たると暖かくなる。 ・たくさん当たると明るくなって，暖かくなる。的当てゲームのときに感じたから。 ○明るさや暖かさを比べて調べる実験の方法や計画を立て，実験する。 ・明るくなった。 ・3枚の方が明るくなった。 ・3枚の方が明るいし，温度が高い。 ○実験結果を記録する。 ○各班の実験結果を黒板に記入する。 ・どの班も，1枚より3枚の方が明るく，暖かかった。 ・鏡3枚は，シールが多い。 ○実験結果から明るさや暖かさについて考え，発表する。 ・明るくなり，暖かくなる。 ・光を重ねれば重ねるほど，明るさは明るくなり，暖かさも暖かくなる。	◇予想の際は，既習事項や生活経験を振り返らせるとともに，「鏡1枚のときより鏡2枚の方が…」などと比較の対象を明確にして述べさせるようにする。 ◇実際に手で体感させることも行い，実感を伴えるようにする。 ◇暖かさについては，違いが明確になるような実験方法の必要性を考えさせ，棒温度計や放射温度計を使って具体的な数値で表せるようにさせる。 ◇温度を測るときには，温度計と鏡の距離や，光を当てる時間等の条件をそろえさせるようにする。 ◇表とグラフは比較しやすいように共通の形式にし，各自のノートに結果をまとめさせる。 ◇学級全体の実験結果を表とグラフで整理する。 ◇鏡1枚と3枚を比較し，明るさや暖かさの欄には，シールを貼るなどして視覚的にとらえやすくし，全体の傾向をつかむ。 ◆思考・表現② 光を重ねたときとそうでないときの現象や，光を集めたり重ね合わせたりしたときの物の明るさや暖かさを比較して，それらを考察し，自分の考えを表現している。〈記述分析〉

> **見方や考え方** 光を重ねれば重ねるほど，明るく暖かくなる。

第3章 「科学的な思考・表現」の指導と評価の実際 **第3学年**

(3) 指導と評価の実際 【実験結果から結論をまとめる場面】

> ここでは、「光を重ねたときの明るさや暖かさの変化」について、セロハンを操作し、それを基にモデル図をかかせることで、視覚的にとらえにくい光を表現させる。モデル図と鏡の枚数を変えたときの温度の結果と対応させ、鏡が1枚のときと3枚のときとを比較し、科学的に思考できたか、また、自分の考えを工夫してわかりやすく表現できているかどうかを学習ノートの記述から分析する。
>
> まず、実験前に予想をかかせた後、光の温度を測って、光の重なり方を変えたときの明るさや暖かさを実験結果として明らかにする。子どもは、本実験から得た結果を基に、予想の段階で考えていたモデル図を見直すことになる。

① 「おおむね満足」と判断できる子どもの評価例

B児は、実験前の段階では、「明るくなる。暖かくなる」と予想している。その理由としては、的当てゲームで活動していた場所の日なたと日陰を根拠にした。実験後、1枚、2枚、3枚と鏡が増えていくごとに温度が高くなっていることを実験結果として得た。日光を集めたり重ねたりしたときとそうでないときを比較して、光の明るさや暖かさの違いについて考え、自分の考えを記述できているので、「おおむね満足」できている状況であると判断できる。

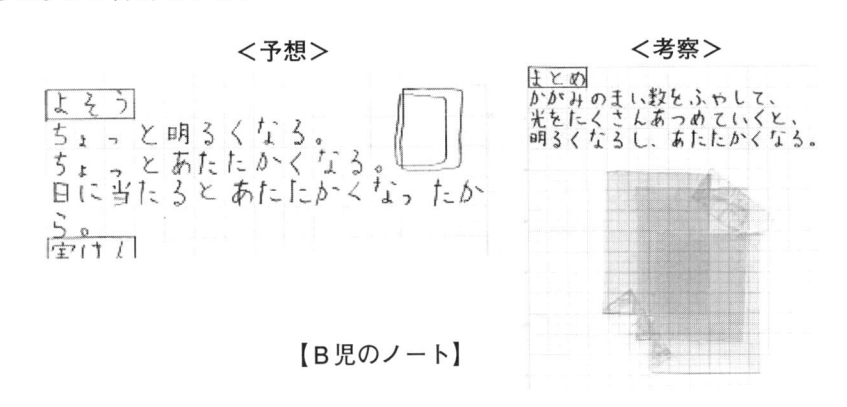

【B児のノート】

② 「十分満足」と判断できる子どもの評価例

A児は、実験前には、「光を重ねると、明るくなり、暖かくなる」と予想した。鏡1枚と鏡が3枚の絵をかいており、比較するという視点が十分に読み取れた。また、結果を基にした話し合いでは、セロハンを操作しながら、「セロハンを光とみて、1枚、2枚、3枚と重ねると色が濃くなる。この重なって濃くなったところが明るくなった。あと、

結果に出たような温度になって，暖かくなる」ということを発言した。さらに，それを自分の学習ノートに，絵や言葉を使って説明している。これらの発言や説明内容から，科学的な思考・表現は，「十分満足できる」状況であると判断した。

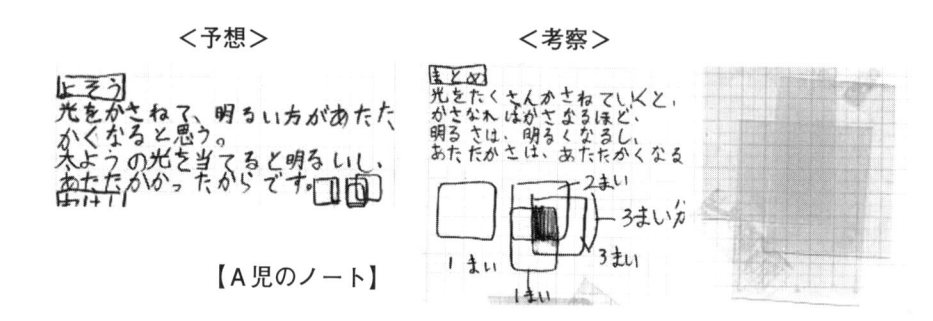

<予想>　　　　　　　　<考察>

【A児のノート】

③　「努力を要する」と判断した子どもの評価例と指導の手だて

　C児は，実験前には，「明るくなる。暖かくなる」と予想できていたが，実験後の記述は実験結果のみで，考察がかかれていなかった。そこで，個別指導によって，結果と考察の違いをていねいに説明し，結果からどんなことが言えるのかを，友達の記述も参考にしつつ，自分の言葉でまとめるように促した。

☞ここがポイント！　村山教科調査官メモ

　本事例は，光を重ねたときの明るさや暖かさについて結果から結論をまとめる場面を取り上げている。予想と実験結果を照らし合わせて考察させ，まとめを書かせている。このように，自他の行為や考えを結果と合わせて吟味させることが大切である。

第3学年 【A 物質・エネルギー】

磁石の性質

1 単元の目標

磁石の性質について興味・関心をもって追究する活動を通して、磁石に付く物と付かない物を比較する能力を育てるとともに、それらについての理解を図り、磁石の性質についての見方や考え方をもつことができるようにする。

2 本単元での指導と評価のポイント

(1) モデル図を活用し、予想の段階で現象の原因を考えさせる

磁石に付く物と付かない物があるということは、子どもたちは経験によって分かっていることが多い。しかし、磁石に物が付かない場合、それが磁石に引き付けられていないのか、それとも磁石と退け合っているのか、明確になっていない。

そこで、予想でただ単に現象を想像するだけでなく、その根拠をモデル図として表し、学級で共有する活動を取り入れ、実感を伴った理解へとつなげていく。

(2) 体感を基にして磁石に「付く・付かない」から「引き付けられる・引き付けられない」へ見方・考え方を変えられるようにする

「磁石に引き付けられる」ではなく、「磁石に付く」と考えている子どもは多い。予想で考えた根拠を確かめるために、「体感」を大切にして実験を行い、考察する。この場合の「体感」とは、磁石に物が付くときの引き付けられる速さや、退け合うときに感じる手応えである。この「体感」が予想で考えた根拠を確かめる際のヒントになる。結果をまとめる際にも、ただ現象を記録するだけではなく、実験で感じた「体感」を一緒に記録することで、考察の手助けとなる。

(3) 日常生活と関連付け、より身近にある物で磁石の性質について考えやすくさせる

子どもの生活には磁石を活用した物があふれているが、あまりに身近にあるため、詳しく考えたこともないという子どもも多い。磁石と黒板に挟まれている紙や方位磁針について話題を取り上げることで、より身近にある物で磁石について考えていくことができるように意識させていく。

3 指導と評価の計画（全10時間）

	学習活動	評価規準
第1次 3時間	【活動のきっかけ】 ○磁石が身の回りのどんなところで使われているか話し合う。 ○2種類の空き缶を磁石に付ける演示実験をし，問題を見いだす。 **問題** どんな物が磁石に付くのだろうか。 ○問題に対する予想や仮説を立て，実験の計画を立てる。 ○予想の根拠をイメージ図に表す。 ○鉄くぎ，スチール缶，アルミ缶，紙，アルミホイル等を磁石に付けて調べる。身の回りの物も磁石に付け，結果を表にまとめる。 ○どんな物が磁石に付いたのか，予想と照らし合わせて考察し，結論を導く。 ○砂鉄を集める活動をする。 **見方や考え方** 物には磁石に引き付けられる物と引き付けられない物がある。	◆関心・意欲・態度① 磁石に物を付けたり自由に動くようにしたりしたときの現象に興味・関心をもち，進んで磁石の働きや性質を調べようとしている。 ◆思考・表現① 物が磁石に引き付けられているときと磁石に引き付けられていないときの現象を比較して，それらについて予想や仮説をもち，表現している。 ◆技能① 磁石を使って付く物を調べ，結果を表にまとめている。 ◆知識・理解① 物には磁石に引き付けられる物と引き付けられない物があることを理解している。
第2次 3時間	【活動のきっかけ】 ○前次の実験結果・考察から，磁石のどこの部分でも引き付ける力が同じだったか問いかけ，問題をつくる。 **問題** 磁石の極にはどのような性質があるのだろうか。 ○どのような性質があるか予想をし，実験の計画を立てる。 ○磁石を糸で吊し，自然に向く方向を調べたり，吊された磁石同士を近付けて性質を調べたりする。 ○性質について考察し，結論を導く。 **見方や考え方** 磁石は極の方が鉄をよく引き付ける。N極とS極は引き合うが，N極とN極，S極とS極は退け合う。磁石は自由に動かすと，S極は南を指し，N極は北を指す。	◆技能② 磁石の極性を調べ，その過程や結果を記録している。 ◆知識・理解② 磁石の異極は引き合い，同極は退け合うことを理解している。

第3次 2時間	【活動のきっかけ】 ○磁石に2本のくぎがつながっている様子を観察し，子どもの疑問から問題をつくる。 **問題** 磁石に付いたくぎ（鉄）は磁石になるのだろうか。 ○磁石に付いたくぎが磁石になるのか予想し，実験の計画を立てる。 ○磁石の極にくぎを1本ずつつなげて付けていき，その結果を図にしてまとめる。 ○くぎが磁石になったかどうか，予想と照らし合わせて考察する。 ○付いたくぎが磁石になったかどうか確かめるために，磁石の極を近付けて引き合うか退け合うか調べ，くぎにも極ができたことを確認する。 ○イメージ図を書き，考察をさらに深め，結論を導く。 **見方や考え方** 磁石に引き付けられる物には，磁石に付けると磁石になる物がある。	◆思考・表現② くぎが磁石になったときとくぎが磁石になっていないときの現象を比較して，それらを考察し，自分の考えを表現している。 ◆知識・理解③ 磁石に引き付けられる物には，磁石に付けると磁石になる物があることを理解している。
第4次 2時間	**問題** 磁石の性質を使っておもちゃをつくることができるだろうか。 ○今までの磁石の性質を振り返り，活動に見通しをもつ。 ○磁石の性質を使ったおもちゃの設計図を書き，おもちゃをつくる。 ○つくったおもちゃで遊んだり，友達と紹介し合ったりする。 **見方や考え方** 磁石が引き合ったり退け合ったりする性質を利用しておもちゃをつくることができる。	◆関心・意欲・態度② 磁石の働きや性質を使ってものづくりをしようとしている。 ◆技能③ 磁石を使って着磁させたり，ものづくりをしたりしている。

4 「科学的な思考・表現」の指導と評価の実際 （第1次，第1・2時）

(1) 本時の目標
身の回りの物が磁石に付くかどうか根拠をもって予想し，実験の結果と予想を照らし合わせて考察し，自分の考えを表現することができる。

(2) 本時の展開

主な学習活動	教師の支援◇　評価◆
【活動のきっかけ】 ○磁石が身の回りのどんなところで使われているか話し合う。 ○2種類の空き缶を磁石に付ける演示実験をし，問題を見いだす。	◇教室にある身近な磁石を想起する。 ◇スチール缶とアルミ缶の表示を隠した空き缶を使って演示実験をして子どもの疑問を喚起する。
問題 どんな物が磁石に付くのだろうか。	
○問題に対する予想を立て，実験の計画を立てる。 ○予想の根拠をイメージ図に表し，その考えを発表する。 ・磁石に引き付けられている物は，磁石とお互いに引き付け合っている。 ・磁石に引き付けられる物は，物の中の何かが磁石に近付いていっている。 ・磁石に引き付けられない物は，磁石とお互いに離れていっている。 ・磁石に引き付けられない物は，磁石に近づいていっていない。 ○鉄くぎ，スチール缶，アルミ缶，紙，アルミホイル等を磁石につけて調べる。教室にある物にも磁石を近付け，結果を表にまとめる。 ○どんな物が磁石に付いたのか，予想と照らし合わせて考察し，結論を導く。	◇物が磁石に引き付けられている場合と引き付けられていない場合ではどのような違いがあるのか，子どもの根拠をモデル図で確認する。 ◇全体で発表させ，予想の根拠を共有させる。 ◆思考・表現① 物が磁石に引き付けられているときと磁石に引き付けられていないときの現象を比較して，それらについて**予想や仮説をもち，表現して****いる**。〈発表・記述分析〉 ◇用意した物のほかに，教室にある物に磁石を近付けさせ，数多くの実験結果をまとめさせる。 ◇結果をふまえ，磁石に引き付けない場合の手応えを思い出させ，考察させる。 ◇磁石に付く物には鉄が含まれていることを伝える。
見方や考え方 物には磁石に引き付けられる物と引き付けられない物がある。	

第3章 「科学的な思考・表現」の指導と評価の実際　第3学年

(3) 指導と評価の実際　【問題に対する予想を立てる場面】

> ここでは、「磁石が物を引き付けるときと引き付けていないときの違い」について、モデル図を活用して子どもの予想の根拠を明らかにし、学級で話し合うことで実験から考察までの見通しをもたせるようにする。まず、磁石に付く物と付かない物を予想させる。その後、「磁石に付く物と付かない物では何が違うのか、見えない世界を考えてみよう！」と問いかけ、考えの根拠を明らかにする。子どもは、自分の考えの根拠を明らかにして実験を行うことで、それぞれが根拠を意識して実験をすることができ、考察の助けにもなる。

① 「おおむね満足」と判断できる子どもの評価例

　B児は、磁石が物を引き付ける場合と引き付けない場合とで、磁石と物の間に何かが起きているということをモデル図で表すことができ、授業の場面でも説明をしていた。磁石に引き付けられる物は磁石に引っ張られているということを予想しているが、引き付けられない物の間には何が起きているのか想像ができなかった。そのため、「おおむね満足できる」状況であると判断できる。

　「何か違いはあると思いますか」と問いかけても、「何かありそうだけど、分からない」という答えが返ってきた。実験では磁石に引き付けられる物のときだけではなく、引き付けられない物のときの手応えを感じながら実験をしようと指導した。

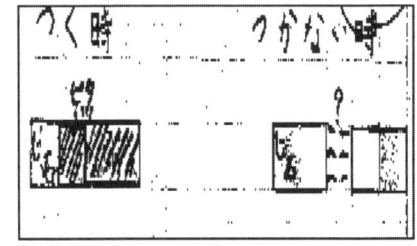

【B児の記述】

② 「十分満足」と判断できる子どもの評価例

　A児は、磁石が物を引き付ける場合と引き付けない場合とで、違いがあることをイメージ図に表すことができていた。説明を求めると、「磁石に付くときは仲良しになって近付いて、付かないときはけんかをして離れていく」というように説明をしていた。違いを明らかにして考えることができていたので、「十分満足できる」状況にあると判断できる。

　実験をする際、「けんかしてはね返って

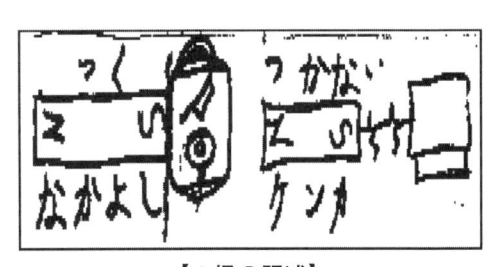

【A児の記述】

45

いるか，よく感じながら実験をしてごらん」と声かけをして実験を行うよう指導した。

③ 「努力を要する」と判断した子どもの評価例と指導の手だて

　C児は磁石が物を引き付ける場合と引き付けない場合とで，その理由を満足に考えることができなかった。「付く・付かない」という現象は予想できているが，その根拠をもてていないということが見とれた。説明を求めても，「よく分からない」と話していた。予想の根拠を科学的に考えられていなかったので，「努力を要する」状況であると判断した。

　そこで，実験の際に「付く場合と付かない場合では，何か手に感じる違いはないかな」と声をかけながら実験を行わせた。さらに，「磁石の同極は退け合う」様子を見せ，実際にやらせて体感させることで，「付く・付かない」から「引き付ける・引き付けられない」というように思考を促していくように指導した。

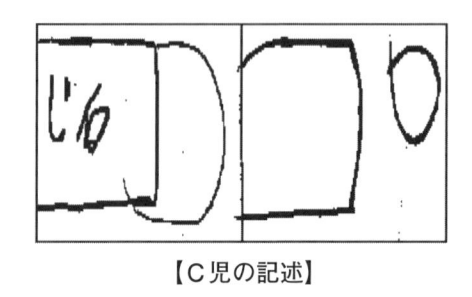

【C児の記述】

　今回の授業で，モデル図を用いて，磁石に引き付けられる物と引き付けられない物についての子どもの考えの違いを明らかにしたことで分かったことは，子どもが磁石に引き付けられない物と退け合う物の区別が不十分であるということだった。

　そこで，実際の指導ではより体感を大切にして実験に臨ませるように心がけた。より強力なネオジウム磁石やアルニコ磁石を演示で用いたり，必要に応じて子どもに実験をさせることでその感覚の違いを子どもにつかませた。そうすることで，「引き付けられる・引き付けられない」という感覚を養い，より確かな見方や考え方を養うことができたと考える。

☞ここがポイント！ 村山教科調査官メモ

　本事例は，磁石の性質について予想する場面を取り上げている。目には見えない磁力についてモデル図を活用して考察させ，表現させていることが今回の評価の改訂の趣旨に沿っている。

第3学年 【A 物質・エネルギー】

電気の通り道

1 単元の目標

電気の通り道について興味・関心をもって追究する活動を通して，電気を通すつなぎ方と通さないつなぎ方，電気を通す物と通さない物を比較する能力を育てるとともに，それらについての理解を図り，電気回路についての見方や考え方をもつことができるようにする。

2 本単元での指導と評価のポイント

(1) 子ども一人一人が考えたつなぎ方を試せる時間と場を確保する

乾電池を用いて豆電球に明かりをつけるという体験をしている子どもは少ない。そこで，シンプルな道具で様々なつなぎ方を考えさせ，時間と場を十分に確保し考えたつなぎ方を実験させることが大切である。本単元でいう「電気」とはエネルギーの概念であり，豆電球の明かりのことを電気というのではない。そのことを教師が意識し，子どもたちが繰り返し実験を行う中で「回路」という考え方をとらえさせるようにする。その中でショート回路についての安全指導などを取り上げて指導していく。

(2)「明かりがつく・つかない」といった見方から「電気が通る・通らない」といった見方へ

本単元では「豆電球の明かりがつく・つかない」という見方から「電気が通る・通らない」ということを判断していく。しかし，この見方の変化は子どもたちにとって容易ではない。そこで，「豆電球に明かりがつくときには，回路ができて，電気が通る」「豆電球に明かりがつかないときには，回路にならず，電気が通らない」といった現象を繰り返しおさえながら学習を進めることが大切である。

(3) 実験結果を比較しながら考えることを意識させる

「電気を通すつなぎ方，電気を通さないつなぎ方」や「電気を通す物，電気を通さない物」というように比較してまとめていくことが大切である。その中で，実験結果を表にしてまとめるよさや比較して考えることのよさをとらえさせる。

3 指導と評価の計画（全11時間）

	学習活動	評価規準
第1次 3時間	【活動のきっかけ】 ○身の回りにある電球の明かりについて話し合う。 ○豆電球，導線つきソケット，乾電池について知る。 **問題** 乾電池と豆電球をどのようにつないだら，豆電球に明かりがつくだろうか。 ○豆電球に明かりがつくつなぎ方の予想をもつ。 ○実験計画を立て，実験をする。 ○豆電球に明かりがついたつなぎ方と，つかなかったつなぎ方を比較し，違いを考え発表しまとめる。 **見方や考え方** 乾電池の＋極，豆電球，乾電池の－極を導線で1つの輪のようにつなぐと，豆電球に明かりがつく。この電気の通り道を「回路」という。 ○ソケットを使わなくても豆電球に明かりをつけられることを知る。	◆関心・意欲・態度① 乾電池と豆電球のつなぎ方に興味・関心をもち，進んで電気の回路を調べようとしている。 ◆技能① 乾電池と豆電球を使って回路をつくり，結果を記録している。 ◆知識・理解① 電気を通すつなぎ方と通さないつなぎ方があることを理解している。
第2次 5時間	【活動のきっかけ】 ○導線のほかに，回路の途中に物を挟んでも豆電球に明かりがつくか考える。 **問題** 導線のほかに，どんな物が電気を通すだろうか。 ○回路の途中に導線以外の物をつないで，電気を通すか通さないかについて予想をもつ。 ○実験計画を立て，実験を行い，まとめをする。 **見方や考え方** 鉄や銅，アルミニウムなどの金属は電気を通す。プラスチックやガラス，紙，ゴムなどは電気を通さない。 ○身の回りの金属を探す。	◆思考・表現① 豆電球が点灯するときとしないときや，回路の一部にいろいろな物を入れたときを比較して，それらについて予想や仮説をもち，表現している。 ◆思考・表現② 回路の一部に，いろいろな物を入れたときの豆電球が点灯するときとしないときを比較し，自分の考えを表現している。 ◆知識・理解② 電気を通すものと通さないものがあることを理解している。
第3次 3時間	**問題** 豆電球を使ってどのようなおもちゃがつくれるだろうか。 ○回路を用いたおもちゃを考え，設計図をかく。 ○おもちゃをつくる。 ○つくったおもちゃを友達に紹介し，遊ぶ。 **見方や考え方** 回路ができると，電気が通るおもちゃができる。	◆関心・意欲・態度② 乾電池と豆電球の性質を使ってものづくりをしようとしている。

第3章 「科学的な思考・表現」の指導と評価の実際　第3学年

4 「科学的な思考・表現」の指導と評価の実際（第2次，第5・6時）

(1) 本時の目標

電気を通す物と通さない物を比較し，電気を通す物の共通点について考え，表現することができる。

(2) 本時の展開

主な学習活動	教師の支援◇　評価◆
【活動のきっかけ】 ○回路の途中に物を挟んでも，豆電球に明かりがつくか考える。	◇回路をつくって，豆電球に明かりがつくことを確かめるようにする。

| 問題 | 導線のほかにどのような物が電気を通し，どのような物が電気を通さないのだろうか。 |

○導線を離してどのような物を挟めば，電気を通して豆電球に明かりがつくか，また，つかないのかを予想する。 ・金属は電気を通し明かりがつくと思う。金属以外は明かりがつかないと思う。 ・鉄は電気を通し豆電球がつくと思う。 ○回路の間に調べるものを挟み，豆電球に明かりがつくかつかないかを調べる。 ・予想通りくぎはついたよ。 ・ハサミはつく部分とつかない部分があるよ。 ・おかしいな，空き缶はつくと思ったのに。 ・空き缶でつく場所を見つけたよ。 ○結果を表に整理する。 ○豆電球に明かりがついた物と，つかなかった物を比較し考えを書く。 ・予想通り金属は電気を通した。 ・予想通り木や紙，プラスチック，ガラスは電気を通さなかった。 ・空き缶は電気を通すと思っていたけど，ほとんどの場所が電気を通さない。 ○空き缶の表面を紙ヤスリでけずる。 ・けずった所から銀色の金属がでてきた。 ○けずった所に導線をつなぎ，豆電球に明かりがつくかどうか調べる。 ・空き缶の表面には電気を通さない物がついている。	◆思考・表現① 豆電球が点灯するときとしないときや，回路の一部にいろいろな物を入れたときを比較してそれらについて予想や仮説をもち，表現している。〈記録分析・発言分析〉 ◇調べる物（くぎ，はりがね，アルミニウムはく，空き缶，10円，1円，ペットボトル，ハサミ，ガラスコップ，ノート，割りばしなど）を用意する。 ◇電気が通ると豆電球に明かりがつくということを確認する。 ◇繰り返し調べるように助言する。 ◇回路を意識させ，豆電球に明かりがつくのは電気が通るということを確認する。 ◇空き缶は場所によって明かりがつく場所があるということを全体で確認する。 ◆思考・表現② 回路の一部に，いろいろな物を入れたときの豆電球が点灯するときとしないときを比較し，自分の考えを表現している。〈記録分析・発言分析〉

| 見方や考え方 | 鉄や銅，アルミニウムなどの金属は電気を通す。
プラスチックやガラス，紙，ゴムなどは電気を通さない。 |

(3) 指導と評価の実際 【実験結果から結論をまとめる場面】

> ここでは回路の中にいろいろな物を入れ，電気を通す物か，通さない物かを豆電球に明かりがつくか，つかないかで判断する。予想や結果の場面では表を活用する。まとめる場面では豆電球に明かりがつく物とつかない物を比較し，電気を通す物はどのような物であるかを考えさせる。また，予想と異なる結果の物を通し，その原因を追究することで，見方や考え方を身に付けていく。

① 「おおむね満足」と判断できる子どもの評価例

B児は，予想の段階で，金属（鉄と鉄のような物）と金属でない物（鉄の仲間でもない物）とに分け，金属は電気を通し，金属でない物は電気を通さないと比較し予想していた。そして，考察の段階で電気を通す物と通さない物について，予想に立ち返り考えることができた。

また，空き缶が電気を通さなかった理由について，空き缶のまわりには絵の具みたいな物があったからだと考え，それを取り除けば金属であると考えているのが読み取れたので，「おおむね満足」している状況であると判断した。

【B児のワークシート】

② 「十分満足」と判断できる子どもの評価例

A児は，予想の段階で電気を通す物を金属，電気を通さない物を金属でない物と予想していた。様々な物を調べ，実験データもそろえることができている。考察の場面では，空き缶が電気を通さなかった理由について，缶のまわりについている物が電気を通らなくしていたと考え，紙ヤスリでこすったら豆電球がついたからだと，その理由についても述べることができていた。

また，鉛筆（芯でない部分）の実験においては，まわりの子どもたちと結果が異なり，実験方法を確認し再実験を行い，異なった結果が出たことについて分析し，導線の先通しが直接ついていたからであると考えることができたので「十分満足」と判断した。

第3章 「科学的な思考・表現」の指導と評価の実際　第3学年

【A児のワークシート】

【C児のワークシート】

③ 「努力を要する」と判断した子どもの評価例と指導の手だて

　C児は，予想の段階で電気を通す物を鉄や金属，通さない物を鉄や金属でない物と比較して考えていた。また，実験についても意欲的に取り組み，考えるデータを得ることができた。

　しかし，考察の記述では，予想が外れたということと，実験の感想のみを書いていて，電気を通す物と通さない物を比較したり，空き缶について考えを書いたりすることができなかったので「努力を要する」と判断した。

　C児については予想したときのことを振り返らせ，材質に着目させることで，金属とそれ以外の物とを比較して考えるように助言を行った。

☞ここがポイント！ 村山教科調査官メモ

　本事例は，電気を通す物と通さない物を調べる実験について，結果から結論をまとめる場面を取り上げている。電気を通す物と通さない物を比較しやすいようにワークシートが工夫されている。また，豆電球が点灯することから電気が通っているという考えをもてるように，ていねいに関係付けて指導している様子がうかがわれる。

第3学年 【B 生命・地球】

昆虫と植物

1 単元の目標

　身近な昆虫や植物について興味・関心をもって追究する活動を通して，昆虫や植物の成長過程と体のつくりを比較する能力を育てるとともに，それらについての理解を図り，生物を愛護する態度を育て，昆虫や植物の成長のきまりや体のつくりについての見方や考え方をもつことができるようにする。

2 本単元での指導と評価のポイント

(1) 複数の昆虫を意図的に比較することを通して，差異点や共通点を考察させる

　昆虫の体のつくりでは，継続して育ててきたモンシロチョウの体のつくりをまず基本として押さえる。その後，体のつくりがはっきりしていて分かりやすいアリ，トンボの体のつくりを考えさせる。そしてバッタ，カブトムシなどの胸・腹の区別の分かりにくい昆虫を取り上げ，最後に身の回りにいる生き物を「昆虫」と「昆虫でないもの」に明確に分けることができるようにする。

(2) スケッチで昆虫や植物のイメージのあいまいさに気付かせる

　昆虫や植物の観察を少し行った初期の段階で，実物を見ないでスケッチを描かせる。例えば，モンシロチョウの成虫を少し観察したところで，「モンシロチョウの成虫を描いてみよう」と問いかける。描いてみると「足がどこから出ているのか」「体がどこで分かれていたのか」についてよく観察していなくて，あいまいなイメージをもっていることに気付く。そこで，着目点を明確にしてから観察することで，確かな観察力が育つ。

(3) 意欲を継続して飼育し，観察できるようにする

　昆虫の飼育も植物の栽培も，子どもたちが最後まで意欲的に継続して観察できるようにする必要がある。昆虫は，一人一匹ずつ，植物は一人一つずつを原則にして，愛着をもって育てさせる。モンシロチョウについては，土曜日，日曜日は家に持ち帰って観察させる。植物については，栽培時期が長くなるので，定期的に観察する時間を確保するとともに，身近な教室に成長が一目でわかる実物または掲示を行うようにする。

3 指導と評価の計画（全22時間）

学習活動	評価規準
【活動のきっかけ】 ○たくさんの虫を花壇に呼ぶにはどうしたらよいかについて話し合う。	◆関心・意欲・態度① 身近な植物に興味・関心をもち，進んで育ち方や体のつくりを調べようとしている。
問題　ホウセンカやヒマワリは，どのように育っていくのだろうか。また，植物の体は，どんな部分からできているだろうか。	
○種のまき方と世話の仕方を知る。 ○種子から栽培し，成長の順序を継続的に調べる。 ○調べた結果を基に，分かったことを話し合う。 ○植物の体のつくりを複数比較し，根・茎・葉からできていることを調べる。 ○植物の体のつくりについてまとめる。	◆技能① 植物の体のつくりや育ち方を観察し，その過程や結果を記録している。 ◆思考・表現① 植物同士を比較して，差異点や共通点を考察し，自分の考えを表現している。
見方や考え方　植物の育ち方には一定の順序がある。また，植物の体は根，茎及び葉からできている。	
【活動のきっかけ】 ○キャベツが栽培されているところで，モンシロチョウの卵や幼虫を探す。	◆関心・意欲・態度② 身近な昆虫に興味・関心をもち，進んで育ち方や体のつくりを調べようとしている。
問題　幼虫は卵から出た後，どのように育ってモンシロチョウになるのだろうか。また，トンボやバッタの幼虫は，モンシロチョウと同じように育つのだろうか。	
○モンシロチョウの卵や幼虫を飼育し，成長の順序を継続して調べる。 ○調べた結果を基に，分かったことを話し合う。 ○変態の仕方の違う昆虫を用意し，育ち方の過程が異なることを調べる。 ○育ち方についてまとめる。	◆技能② 昆虫の体のつくりや育ち方を観察し，その過程や結果を記録している。 ◆知識・理解① 昆虫の育ち方には一定の順序があることを理解している。
見方や考え方　昆虫の育ち方には卵→幼虫→蛹→成虫といった一定の順序がある。昆虫の育ち方には，蛹の時期を経ないで成虫になるものもある。	
問題　トンボやバッタなどの体のつくりは，モンシロチョウと同じなのだろうか。	
○トンボやアリなどの体のつくりについて予想や仮説をもち，体のつくりを調べる。 ○バッタやカブトムシ，その他の生き物についても体のつくりを調べ，昆虫の体のつくりについてまとめる。	◆思考・表現② 昆虫同士を比較して，差異点や共通点を考察し，自分の考えを表現している。
見方や考え方　昆虫の体は，頭，胸，及び腹からできている。	

第1次 10時間／第2次 12時間

4 「科学的な思考・表現」の指導と評価の実際 (第2次, 第21・22時)

(1) 本時の目標

昆虫同士を比較して，差異点や共通点を考察し，自分の考えを表現することができる。また，昆虫と昆虫でないものを区別することができる。

(2) 本時の展開

主な学習活動	教師の支援◇　評価◆
【活動のきっかけ】 ○トンボやアリ，バッタやカブトムシなどの体のつくりは，モンシロチョウと似ているかどうかについて話し合う。	◇モンシロチョウの体のつくりの略図を提示しながら，昆虫の定義を再度確認をする。

> 問題　トンボやバッタなどの体のつくりは，モンシロチョウと同じなのだろうか。

○トンボやアリの体のつくりについて予想や仮説をもち，体のつくりを調べる。 ・トンボもアリも足が6本ある。 ・トンボはモンシロチョウと同じように羽がある。 ・トンボもアリも体が3つに分かれているので，モンシロチョウと同じ昆虫だ。	◇トンボやアリの体のつくりを観察するために，体の分かれ方や足の数といった視点を明確にする。 ◇体のつくりをはっきりさせるために，頭，胸，腹を赤，黄，緑に色分けして塗る作業を行わせる。
○バッタやカブトムシの体のつくりについて予想や仮説もち，体のつくりを調べる。 ・バッタもカブトムシも足が6本なので昆虫だと思います。 ・カブトムシは，胸，腹が分かれていないから昆虫ではないかも。	◇バッタやカブトムシについては，OHCでバッタやカブトムシを下側から写し，足の出ている場所と数，胸と腹の分かれ目について考えさせる。 ◇身の回りにいる生き物をあげさせ，その生き物について「昆虫」と「昆虫でないもの」に分ける。
○自分たちの身の回りにいる生き物について調べよう。 ・テントウムシやセミは昆虫だろうか。 ・クモやムカデ，ダンゴムシは昆虫だろうか。 ・カタツムリやカナヘビは昆虫だろうか。	◇昆虫はむやみにつかまえずに，詳しく観察するものだけをつかまえさせるようにする。また，観察が終わった後は，もとの場所に戻すように指導する。
○昆虫の体のつくりについてまとめ，「昆虫」と「昆虫ではないもの」を明確に区別する。	◆思考・表現② 昆虫同士を比較して，差異点や共通点を考察し，自分の考えを表現している。 〈発言分析〉

> 見方や考え方　昆虫の体は，頭，胸，及び腹からできている。

第3章 「科学的な思考・表現」の指導と評価の実際　第3学年

(3) 指導と評価の実際　【観察から比較して考察する場面】

> ここでは，複数の昆虫や生き物について，「モンシロチョウの体のつくり」で学んだ昆虫の定義を基に，子どもが科学的に思考できたかどうか，また，自分の考えを分かりやすく表現しているかどうかを，授業記録の発言から分析する。子どもは実際に本物の昆虫や生き物を比較して観察した結果を基に，話し合い活動を通して，自分の考えを確かなものにしたり，修正したりしていく。

① 「おおむね満足」と判断できる子どもの評価例

B児は，判別することが難しいカブトムシの体を詳しく調べるために下から観察している。そして，モンシロチョウを調べて分かった昆虫の定義である「頭，胸，腹がある」「胸から6本の足が出ている」という知識を基に，モンシロチョウと比較してカブトムシの体を観察し，「昆虫である」と判断しているので，「おおむね満足」している状況であると判断できる。

② 「十分満足」と判断できる子どもの評価例

A児は，B児の考えに付け加えて，カブトムシの前に観察したモンシロチョウやトンボの腹部についていた節の線を取り上げ，カブトムシにも腹部に同じように節の線があることに気付いている。

また，A児は，クラス全員で，カブトムシをテレビに映して頭，胸，腹の部分を確認して，色分けしてカブトムシを昆虫であると確認した後に，自分がつかまえたゾウムシについても，「カブトムシと同じように」とカブトムシから分かったことをすぐさま生かしている。

このように，学んだことを活用して考察できているので，「十分満足できる」状況であると判断した。

【授業記録1】（T：教師　C：子ども）

T：観察したカブトムシについて気付きを発表しましょう。
C1：ぼくはカブトムシは，昆虫のような気がしたんだけど，体が3つに分かれていないから，昆虫じゃないと思います。2つにしか分かれていません。
C2：カブトムシは，足が腹に3本ずつ生えていないから，昆虫じゃないと思います。
C3：あれは腹じゃないよ。胸に足は生えているんだよ。
C4：絶対，昆虫だと思います。足も6本あります。羽もあります。
C5：羽がある，ないは昆虫には関係ないと思います。アリのように羽のない昆虫もいます。
C4：そうか。羽は関係ないんだね。
B児：カブトムシを下からみると，ちゃんと頭，胸，腹が分かります。足が6本生えている部分が胸で，それより下が腹だと思うので，昆虫だと思います。
A児：私も賛成です。カブトムシの腹にはモンシロチョウやトンボと同じように，節の線がついていて分かります。
T：カブトムシの下側をOHCでテレビに写してみんなで見てみよう。
C5：胸と腹の違いが分かる。一番後ろの足より下側が腹だね。
C6：頭はどこまで？
T：この図で色分けしてみよう。
（中略）
C7：カブトムシはちゃんと体が3つに分かれているから昆虫だね。
A児：先生，私が捕まえたゾウムシも，下から見るとカブトムシと同じように胸の部分が大きくて，体が3つに分かれていて6本足なので，昆虫だと思います。

③ 「努力を要する」と判断した子どもの評価例と指導の手だて

【授業記録2】より，C児は，テントウムシを昆虫ではないととらえた。その理由は，体が2つに分かれているためであり，足の数の方には意識はいかなかった。テントウムシは個体も小さく体のつくりはとらえにくいものの，十分な観察ができなかったためだと推測できる。C児の発言で，「クモと同じように」と使っているが，この場合は「クモと同じように」というのではなく，「カブトムシのときと同じように」下側から体を観察して見分けにくいけど，体は3つに分かれているという考察が必要であった。単元のまとめに近い段階でこうした考察があったため，「努力を要する」状況と判断した。

C児は，自分の発言後の授業の中で，テントウムシの下側を拡大してテレビに映して観察したことや，C7やC8の子どもの意見・助言により，あらためて，昆虫は6本足ということも含めて体のつくりを確認することができた。C児については，今後も物事を比較し，考察から考えを導く場面において，学んだことの何を使い，何を使わないか，共通点と差異点のどの部分を取り上げていくのかということを助言していく必要がある。

【授業記録2】（T：教師　C：子ども）

T：みんながあげた身近な生き物のうち，昆虫でないのはどれですか。理由も言ってください。
C1：ムカデです。足の数が多すぎます。30本もあります。
C2：頭，胸，腹にも分かれていません。
C3：ムカデは，体の節のようなところに1つずつ足がついて胸，腹が分からないよ。
C4：ダンゴムシは昆虫ではないです。足が多すぎます。14本もあります。
C5：クモも昆虫ではないと思います。足が6本ではなくて8本だからです。
C6：付け加えで，クモの体は頭，胸，腹に分かれていなくて，2つにしか分かれていないので昆虫ではないと思います。
C児：テントウムシは，体が3つに分かれていないから，昆虫じゃないと思います。2つにしか分かれていません。
C7：反対です。足が6本なので，昆虫だと思います。
C児：クモと同じように頭の部分と体の丸い部分の2つにしか分かれていないと思います。
C7：クモとは違って足が6本だし，カブトムシと同じように，体の3つの部分がわかりにくいんだと思います。
C8：虫眼鏡でアップでみると体のつくりがよくわかるんじゃないの？
T：カブトムシのときと同じように，テントウムシの下側をOHCで拡大してテレビに写して調べてみよう。
C7：アップで見ると，カブトムシのときと同じように，腹に節が見えるよ。やっぱり，体が3つに分かれているね。テントウムシは昆虫だね。
C児：足が6本の生き物は，全部昆虫って言えるんだね。

☞ここがポイント！ 村山教科調査官メモ

　本事例は，モンシロチョウの体のつくりについて結果から結論をまとめる場面を取り上げている。観察の結果を基にした話し合いにより，子どもたちが「昆虫」に対する概念を獲得し，それを用いて説明している様子がよく分かる。

第3学年 【B 生命・地球】

身近な自然の観察

1 単元の目標

　身の回りの生物の様子やその周辺の環境について興味・関心をもって追究する活動を通して、身の回りの生物の様子やその周辺の環境とのかかわりを比較する能力を育てるとともに、それらについての理解を図り、生物を愛護する態度を育て、身の回りの生物の様子やその周辺の環境との関係についての見方や考え方をもつことができるようにする。

2 本単元での指導と評価のポイント

(1) 諸感覚を使って、動物や植物を直接観察する

　3年生で初めての理科が始まり、本単元を最初の単元として扱う場合も多い。ここでは、理科の学習の基盤となる自然体験活動の充実を図り、子どもが野外で観察する中で、発見したことや気付いたことを基に学習を進められるようにし、様々な種類の植物や動物を見たり、触れたりするなど直接観察することを大切にする。
　また、生活科の学習との関連を図り、低学年でアサガオやミニトマトなどを育てた経験を基に比較して考え、観察に生かすこともできる。

(2) 観察の視点を明確にする

　色・形・大きさ・手触りなど、観察の視点を明確にし、諸感覚を使って特徴をとらえ、カードに記録するようにする。そして、様々な動物や植物を観察していく中で、色や形、大きさなどを比較し、共通点や差異点について考え、追究していくようにする。
　また、虫眼鏡や携帯型の顕微鏡を適切に使い、細かい部分を拡大してカードに記録できるようにするとよい。

(3) 生物を愛護する態度を育てる

　生物の採取は必要最小限にとどめ、観察した動物は、学習後には元の場所に返すなど、環境を壊さずに観察することを心がけるようにする。また、生物と環境とのかかわりについて追究する中で、身の回りの自然環境についても考え、環境保全の態度を育てたい。

3 指導と評価の計画（全6時間）

学習活動	評価規準
【活動のきっかけ】 ○校庭にどんな生物がいるか予想し，調べる。 ○校庭の植物や動物について調べ，気付いたことなどをまとめ，学習の見通しをもつ。	◆関心・意欲・態度① 身の回りの生物の様子やその周辺の環境に興味・関心をもち，進んで生物とその周辺の環境との関係を調べようとしている。
問題 校庭にすむ生物は，どんな色，形，大きさをしているのだろうか。	
○生物の特徴について予想や仮説をもつ。	◆思考・表現② 身の回りの生物の様子やその周辺の環境とのかかわりを比較して，差異点や共通点について予想や仮説をもち，表現している。
○校庭の植物や動物を虫眼鏡を使って観察する。 ○植物や動物の様子，分かったことや気付いたことを観察カードに記録する。	◆技能① 身の回りの生物の様子やその周辺の環境とのかかわりについて諸感覚で確認したり，虫眼鏡や携帯型の顕微鏡などの器具を適切に使ったりしながら観察している。
○調べた結果から，分かったことを話し合う。 ○身の回りの植物や動物の特徴をまとめる。	◆知識・理解① 生物は，色，形，大きさなどの姿が違うことを理解している。
見方や考え方 生物は，色，形，大きさなどがそれぞれ違う。	
【活動のきっかけ】 ○観察した昆虫などを見つけた場所について話し合う。	
問題 生物は，見つけた場所で何をしているのだろうか。	
○生物が見つけた場所にいる理由について，予想や仮説をもつ。 ○「食べ物」や「すみか」になっているのではないかという視点で生物を観察する。	◆技能② 身の回りの生物の様子やその周辺の環境を観察し，その過程や結果を記録している。
○生物の様子とその周囲の環境とのかかわりについて観察カードに記録する。 ○複数の生物について調べた結果から，生物と環境とのかかわりについて話し合う。 ○生物と環境とのかかわりについてまとめる。	◆思考・表現② 身の回りの生物の様子やその周辺の環境とのかかわりを比較して，差異点や共通点を考察し，自分の考えを表現している。 ◆知識・理解② 生物は，その周辺の環境とかかわって生きていることを理解している。
○これまでに記録してきた観察カードを図鑑にまとめる。	◆関心・意欲・態度② 身の回りの生物に愛情をもってかかわったり，生態系の維持に配慮したりしようとしている。
見方や考え方 生物は，見つけた場所の周辺の環境とかかわって生きている。	

第1次 3時間 / 第2次 3時間

第3章 「科学的な思考・表現」の指導と評価の実際　第3学年

4 「科学的な思考・表現」の指導と評価の実際（第2次, 第4・5時）

(1) 本時の目標
生物を見つけた場所での行動を観察し、生物の様子とその周辺の環境とのかかわりを比較して、差異点や共通点を考察し、自分の考えを表現することができる。

(2) 本時の展開

主な学習活動	教師の支援◇　評価◆
【活動のきっかけ】 ○観察した昆虫などを見つけた場所について話し合う。 ・校庭の花だんに、モンシロチョウがいたよ。 ・公園の池でカエルを見つけたよ。	◇身近な生物の「食べ物」や「すみか」について、経験を基に話し合うようにする。

問題　生物は、見つけた場所で何をしているのだろうか。

○生物が見つけた場所にいる理由について、予想や仮説をもつ。 ○「食べ物」や「すみか」になっているのではないかという視点で生き物を観察する。 ○生物の様子とその周囲の環境とのかかわりについて観察カードに記録する。 ・アゲハチョウの幼虫がミカンの葉を食べていた。 ・ダンゴムシが石の下をすみかにしていた。 ・バッタが葉を食べていた。 ○複数の生物について調べた結果から、生き物と環境とのかかわりについて話し合う。 ・天敵に見つかりにくい場所に隠れてくらしているのかな。 ・ダンゴムシは、暗い場所やしめった場所が好きなんだと思う。 ・食べ物を見つけやすい場所に集まってくるんだと思う。 ○生物と環境とのかかわりについてまとめる。	◇あらかじめ生物の「食べ物」や「すみか」になっている場所を調べておき、観察場所にする。 ◇生物の細かい特徴ではなく、どのような行動をしているのかという視点を基に観察するように指導する。 ◇できるだけ観察したい生物の行動を妨げないように観察する。 ◇毒をもつ動物やかぶれる植物には、近づいたり、触ったりしないように指導する。 ◇「食べ物」や「すみか」などの視点を基に環境とのかかわりについて話し合うようにする。 ◆思考・表現② 身の回りの生物の様子やその周辺の環境とのかかわりを比較して、差異点や共通点を考察し、自分の考えを表現している。 〈記録分析〉

見方や考え方　生物は、見つけた場所の周辺の環境とかかわって生きている。

(3) 指導と評価の実際 【予想と観察結果を照らし合わせて考察する場面】

> ここでは，まず前の時間までに観察した生物について，環境とのかかわりについて気付いたことを基に話し合い，予想を立てるようにする。そして，「食べ物」や「すみか」などの視点で観察し，生物の行動の様子とその生物がいた場所についての観察カードの記述から，環境とのかかわりについて科学的に思考できたかどうかを分析する。
>
> それぞれの観察結果を基に話し合い，どの生物も環境とのかかわりの中で生活していることをとらえるようにする。

① 「おおむね満足」と判断できる子どもの評価例

B児は，予想の段階で「アゲハチョウの幼虫は，ミカンの木にいて，葉を食べている」と，今までもっている知識や経験の中で，考えることができていた。観察後は，アゲハチョウの幼虫がミカンの葉を食べている様子をスケッチで表現することができ，「食べる」という視点で環境とのかかわりを記述することもできた。

また，モンシロチョウの幼虫がキャベツの葉を食べていたことと比較して記述することもでき，科学的な見方で考えることもできているので「おおむね満足」している状況であると判断した。

【B児のワークシート】

② 「十分満足」と判断できる子どもの評価例

A児は，予想の段階では，「石の下に隠れているのではないか」という「隠れる」という視点からの見方だけにとどまっていたが，観察を通して「石の下の土はしめっていたので，そういうところが好きなのではないか」という他の環境条件とのかかわりについても考えることができているので，科学的な思考・表現の能力が十分に発揮されていると考えられる。

また，数匹の小さいダンゴムシが一緒にいたことから，子どもを増やすのではないかという他の視点についても考えが及んでいる。さらに，くわしく書き込みたいところに，

第3章 「科学的な思考・表現」の指導と評価の実際　第3学年

線を引いて書き加えているところも効果的な表現の仕方であるので,「十分満足」している状況であると判断した。

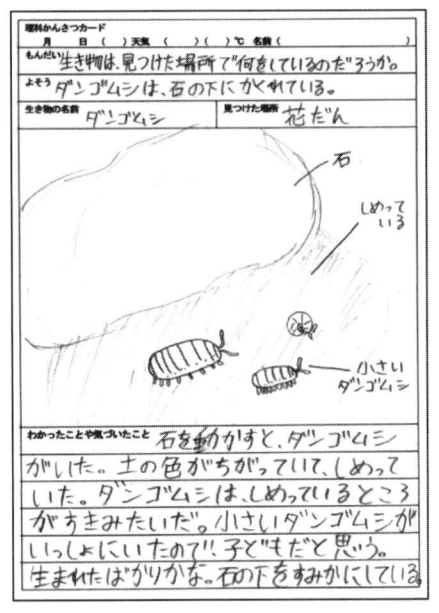

【A児のワークシート】 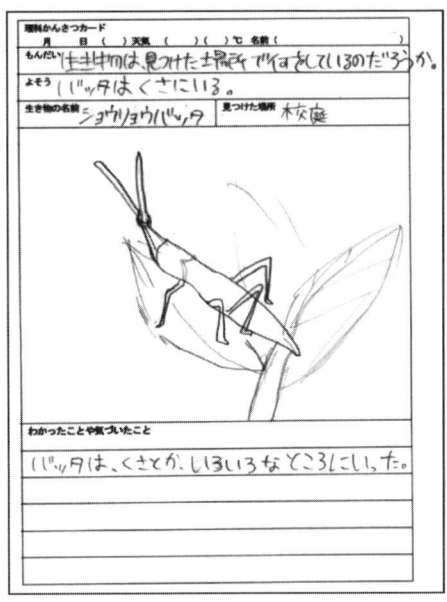　　　【C児のワークシート】

③ 「努力を要する」と判断した子どもの評価例と指導の手だて

　C児は,予想では,「バッタは,草にいる」という考えをもち,観察に臨んだが,「草とかいろいろなところに行った」という記述にとどまり,環境とのかかわりついて関係付けられた記述になっていない。草だけでなく,いろいろなところを動き回るバッタの様子から,「食べ物」や「すみか」という視点から観察することができなかったので,「努力を要する状況」にあると判断した。

　そこで,しばらく同じところにいて,静かに観察し,草にとどまって何をしているのか考えるように助言した。観察の技能的な問題と,何を視点に観察するのかという見方の問題があったと考えられる。

☞ここがポイント！ 村山教科調査官メモ

　本事例は,生物と環境のかかわりについて結果から結論をまとめる場面を取り上げている。生物を偶然に見つけるだけでなく,どこにいるのか予想をさせて,それを基に探している様子が,学習カードから読み取れる。「生命」単元は,部分と全体などの「つながり」や「関係性」をとらえさせることが大切である。

第3学年　【B 生命・地球】

太陽と地面の様子

1 単元の目標

太陽と地面の様子について興味・関心をもって追究する活動を通して，日陰の位置の変化と太陽の動きとを関係付けたり，日なたと日陰の地面の様子の違いを比較したりする能力を育てるとともに，それらについての見方や考え方をもつことができるようにする。

2 本単元での指導と評価のポイント

(1) 体感を重視する

太陽の光や物の影，日なた・日陰などは，子どもの日常生活と深くかかわっているが，それらを意識したり関係について考えたりする子どもはほとんどいない。そこで，「影踏みゲーム」や「物の影のひみつ調べ」などで，人や物の影を太陽と関係付けながら視覚的にとらえる活動を十分にさせたい。

また，「日なたと日陰の地面の違い調べ」では，暖かい・寒い，乾いている・湿っている，明るい・暗いなど，子どもが自分の体で感じることのできる学習の場面を重視し，体感に基づいた理解を図っていく。

(2) 太陽の光とのかかわりを常に意識させる

本単元は，「日光と影の関係」と「日なたと日陰の地面の様子の違い」の2つの内容で構成されている。指導のポイントは，どちらも太陽の光とのかかわりに繰り返し注目させることである。「太陽がこっちにあるから影は反対側」「日なたは太陽の光が当たっているから暖かい」などの子どもの発言を重視していく。

(3) 数値により客観性をもたせる

日なたと日陰で空気の温度に大きな差はないが，子どもの多くはかなり違いがあると思っている。空気の温度とともに，日なたと日陰の地面の温度や水の温度を測定して比較する活動は，日なたと日陰の地面の温度の顕著な違いに注目させることができる。

また，朝と昼で日なたと日陰の地面の温度を調べて比較し，その数値から太陽の光の働きを考えさせる。客観的なデータの重要性に気付かせることができるだろう。

第3章 「科学的な思考・表現」の指導と評価の実際　第3学年

3 指導と評価の計画（全10時間）

	学習活動	評価規準
第1次 5時間	【活動のきっかけ】 ○影踏みゲームや物の影の様子を調べる活動を通して，影のでき方と太陽の関係を調べる。 **問題** 人や物の影は，どのようにしてできるのだろうか。 ○影踏みゲームを通して，人の影のでき方を調べる。 ○運動場にあるいろいろな物の影のでき方を調べる。 ○人や物の影のでき方や，物に影ができる原因を話し合う。 **見方や考え方** 日陰は太陽の光を遮るとできる。 **問題** 影はどのように動くのだろうか。 ○時間が経つと物の影の向きはどのようになるかを予想する。 ○方位磁針の使い方を知り，太陽や物の影の向きを調べる。 ○1日の太陽の動き方と影の動き方の関係を調べる。 ○影の向きの動き方について，実験の結果を基に話し合う。 **見方や考え方** 日陰の位置は太陽の動きによって変わる。	◆関心・意欲・態度① 人や物にできる影に興味・関心をもち，影のでき方を自ら調べようとしている。 ◆技能① 遮光板を適切に使い，安全に太陽を観察している。 ◆知識・理解① 人や物が太陽の光を遮ると太陽の反対側に影ができ，影の向きはどれも同じになることを理解している。 ◆技能② 方位磁針を適切に使い，1時間ごとの影の向きと長さを正しく記録している。 ◆思考・表現① 時間が経つにつれて人や物の影の向きが変わることを，太陽の動きと関係付けて考え，自分の言葉で表現している。
第2次 5時間	【活動のきっかけ】 ○日なたと日陰の様子を比べる活動を通して，明るさや地面の暖かさ，湿り気の違いを調べる。 **問題** 日なたと日影とで，地面の様子はどのように違うのだろうか。 ○日なたと日陰の様子を比べる活動を通して，地面の暖かさや湿り気の違いを調べる。 ○日なたと日陰の様子を比べる活動を通して，地面の暖かさや湿り具合の違いを調べる。 **見方や考え方** 日なたと日陰では地面の暖かさや湿り具合に違いがある。 **問題** 朝と昼とで，地面の温度は変わるのだろうか。 ○温度計の使い方を知り，空気の温度や水の温度，地面の温度を測定する。 ○日なたと日陰で，空気の温度と水の温度，地面の温度を調べ，比較する。 ○朝と昼で日なたと日陰の地面の温度を調べ，その結果から分かることを話し合う。 **見方や考え方** 地面は太陽によって暖められ，朝より昼の方が温度は高くなる。	◆関心・意欲・態度② 日なたと日陰の地面の様子の違いに興味・関心をもち，太陽と地面の様子の関係を進んで調べようとしている。 ◆思考・表現② 日なたと日陰の地面の温度の違いについて考え，自分の言葉で表現している。 ◆知識・理解② 日なたと日陰では地面の暖かさや湿り具合に違いがあることを理解している。 ◆技能③ 温度計を適切に使い，日なたと日陰の地面の温度を調べている。 ◆思考・表現③ 朝と昼の地面の温度を日なたと日陰で比べ，その違いについて太陽と関係付けて考え，自分の言葉で表現している。

4 「科学的な思考・表現」の指導と評価の実際（第2次，第8・9時）

(1) 本時の目標

朝と昼，日なたと日陰の地面の温度を調べ，その違いについて太陽と関係付けて考え，自分の言葉で表現することができる。

(2) 本時の展開

主な学習活動	教師の支援◇　評価◆
【活動のきっかけ】 ○前時で調べた日なたと日陰の温度（空気，水，地面）を確認する。 ○日なたと日陰で，地面の温度の差が大きくなった原因を考え，話し合う。	◇前時の測定結果を提示し，日なたと日陰の差の大きい地面の温度に注目させる。 ◇太陽の光が当たることで温度が高くなるという考えを取り上げ，太陽の光と地面の温度の変わり方の関係に意識を向ける。
問題　地面の温度はどのようにして変わるのだろうか。	
○時間が経つと，地面の温度がどう変わるか予想し，話し合う。 ・日なたは太陽の光で地面が暖められて，日陰は太陽の光が当たらないから暖められない。 ・日なたは太陽の光が当たるから，時間が経つと温度が高くなるけど，日陰は日が当たらないからあまり変わらないと思う。 ○地面の温度の変わり方を調べる方法を知る。 ○午前9時の日なたと日陰の地面の温度を調べ，学習カードの表に記録する。 ○正午の日なたと日陰の地面の温度を調べ，学習カードの表に記録する。 ○調べた結果を棒グラフに表す。 ○結果の表や棒グラフから分かることを学習カードにまとめ，発表し合う。 ・日なたの方が日陰より地面の温度は高い。 ・日陰の地面は午前9時と正午の温度はあまり変わらないけど，日なたの地面は午前9時より正午の温度の方が高い。 ○地面の温度の変わり方について，分かったことを学習カードにまとめる。 ・太陽の光が当たっているから，日なたの地面の温度は高くなる。 ・日陰は太陽の光が当たらないから，地面の温度はあまり上がらない。	◇「日なたと日陰の比較」，「朝と昼の違い」と具体的な比較場面を提示し，子どもが予想しやすいように発問する。 ◇前時までの学習で分かったことや，体感したことに基づいた意見を取り上げ，多様な考えを認める。 ◇日なたと日陰の測定場所を考えさせ，午前9時と正午の2回，地面の温度を調べることを知らせる。 ◇地面の温度の測り方を確認する。 ◇午前9時に調べた場所と同じ場所で温度を測定するよう指示する。 ◇表に記録した数値を，棒グラフに表すことにより，温度の違いに注目しやすいようにする。 ◇棒グラフの縦軸と横軸の意味を説明するとともに，具体的な数値を示して例示し，子どもがグラフに表しやすいようにする。 ◇「日なたと日陰の温度の違い」や「午前9時と正午の比較」など，着目点を示して考えるヒントにさせる。 ◆思考・表現③ 朝と昼の地面の温度を日なたと日陰で比べ，その違いについて太陽と関係付けて考え，自分の言葉で表現している。 〈記録分析〉
見方や考え方　地面は太陽によって暖められ，朝より昼の方が温度は高くなる。	

第3章 「科学的な思考・表現」の指導と評価の実際　第3学年

(3) 指導と評価の実際　【観察結果から結論をまとめる場面】

> 結果を表や棒グラフに表すことで，地面の温度の違いや変化に子どもが目を向けやすいようにする。それらに子どもが注目できたかどうか，また，その要因を太陽とのかかわりで説明することができたかどうかを，学習カードの記述から分析する。
> 　午前9時と正午の温度測定の前に予想を立てさせ，二度の温度測定の結果を表やグラフにまとめることで，日なたと日陰の温度差や日なたの地面の温度変化を太陽とのかかわりで説明し直すことになる。

① 「おおむね満足」と判断できる子どもの評価例

　B児は，温度測定前の予想の段階ですでに，太陽の光と地面の温度との関係に着目した考えを記述している。これは，前時までの日なたと日陰の観察における違いを適用していると考えられる。地面の温度を測定する際も，太陽の光の観察を怠らなかった。測定結果の記録やグラフも適切である。

　結果から分かったことの記述は，温度の数値に関することで終始しているが，日なたと日陰の違いを明確にしており，「おおむね満足できる」状況にあると判断できる。

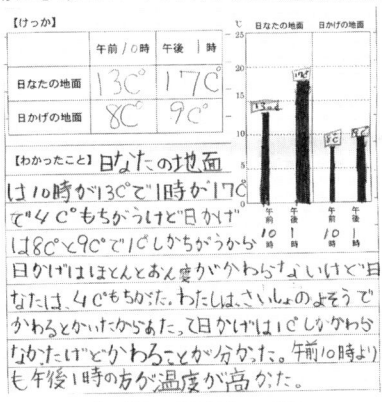

【B児の学習カード】

② 「十分満足」と判断できる子どもの評価例

　A児も予想の段階で太陽の光と地面の温度の関係に着目しており，「よそうどおり」という記述が示すような結果を導き出した。

　さらに，そのような結果になる理由として「たぶん午前10時の地面は太陽のひかりがよこからきててあまりあたたかくならない。午後1時の地面は太陽のひかりがうえからあたるからおんどがあがると思います」と記述しており，地面を暖める太陽の光の働きについての科学的な思考・表現の

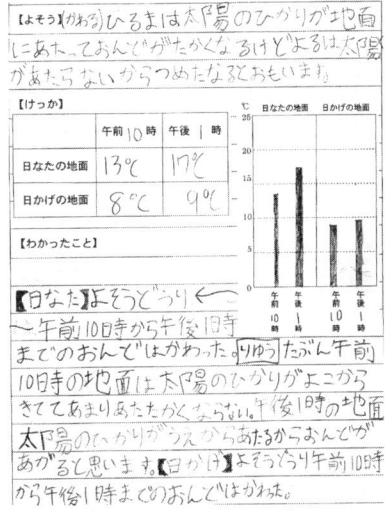

【A児の学習カード】

65

能力が十分に示されていると考えられ,「十分満足できる」状況にあると判断できる。

③ 「努力を要する」と判断した子どもの評価例と指導の手だて

一方,C児は予想の段階で,時間が経つと地面の温度は「かわる」と考えており,その理由を「太陽が地面にあたっているから」と記述している。ただ,温度がどう変わるかについては言及していない。

温度測定の結果,日なたの温度は上がったが,日陰の温度は下がっている。結果から分かったことにも「地面は太陽によって暖められる」という記述はなく,地面の温度と太陽との関係についての考えに至っていないと考えられた。

そこで,日なたと日陰の地面の温度を比べること,朝と昼の温度を比べること,それらを「太陽の働き」でまとめるよう助言した。

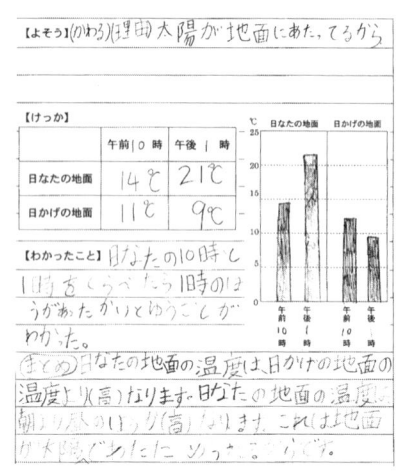

【C児の学習カード】

ここがポイント！ 村山教科調査官メモ

本事例は,地面の温度の違いや変化について結果から結論をまとめる場面を取り上げている。地面の温度を数値の表だけでなく,グラフにまとめるなど視覚化する工夫が見られる。グラフ化することにより,データの比較がしやすくなる。

第4学年　【A　物質・エネルギー】

空気と水の性質

1　単元の目標

　空気及び水の体積の変化や圧し返す力とそれらの性質とを関係付ける能力を育てるとともに，それらについての理解を図り，空気及び水の性質についての見方や考え方をもつことができるようにする。

2　本単元での指導と評価のポイント

(1) 体感的な活動を重視する

　生活の中で，空気の様子を観察する機会が少ない現状を踏まえ，空気や水の性質について体感的な活動を取り入れる必要がある。そこで，導入時に，袋に空気を集めて空気の体積や圧し返す力を感じさせる活動，単元の最後に空気入れを実際に使ってみたり空気と水の性質を利用したペットボトルロケットを製作したりする活動を通して，本単元の学習内容と日常経験とのつながりを意識させるようにする。

(2) モデル図によって，見えないものの体積変化を意識させる

　空気の体積が増えたり減ったりする変化は視覚的にとらえにくいため，言葉による説明だけでは，目に見えない空気の変化を子どもたちに意識させることがむずかしい。その変化を予想したり考察したりするためには，圧し返す手ごたえを感じることに加えて，空気鉄砲の筒や注射器の中で圧し縮められている空気の様子をイメージし，圧し縮められたときの「量的な変化」を分かりやすく説明し合う活動を取り入れる必要がある。そこで，予想のときにモデル図を利用し，空気の様子のイメージをもたせ，結果と関係付けながら，科学的な思考・表現を高められるようにする。

(3) 数値化による表現活動を充実させる

　実験結果から結論をまとめる場面で，結果を目盛で表すことで具体的な数値として空気の体積をとらえることができると考えられる。大きい・小さいだけになりがちな変化を数値化することで結果を定量的にとらえ，結論をまとめる場面でより具体的な数値を基に意見交流させ，表現活動の充実につなげるようにする。

3 指導と評価の計画（全7時間）

	学習活動	評価規準
第1次 4時間	【活動のきっかけ】 ○ビニル袋に空気を閉じ込めて圧し返す感じを体感したり，空気鉄砲を作り，玉の飛ぶ様子を観察したり，水を入れて玉を飛ばしたりする。 **問題**　【問題】閉じ込めた空気に力を加えると，中の空気はどうなるだろうか。 ○モデル図を用いて，注射器の中の空気の様子について予想する。 ○注射器を使って，閉じ込めた空気に力を加えたときの様子を調べる。 ○実験結果から，注射器の中の体積変化や手ごたえについて考察し，説明する。 ○閉じ込めた空気の体積と圧し返そうとする力の関係をまとめる。 **見方や考え方**　閉じ込めた空気に力を加えると，空気の体積は小さくなり，圧し返す力は大きくなる。	◆関心・意欲・態度① 袋や空気鉄砲に空気を閉じ込めて圧したときの圧し返す力を体感し，進んで空気の性質を調べようとしている。 ◆技能① 注射器を正しく使い，注射器を押したときの空気の体積変化や手ごたえを調べ，その結果を記録している。 ◆思考・表現① 注射器の中の空気の体積が変化した様子やそのときの手ごたえについて記述し，説明している。 ◆知識・理解① 空気に力を加えると，体積が小さくなり，圧し返す力は大きくなることを理解している。
第2次 3時間	【活動のきっかけ】 ○空気鉄砲に水を入れて球を飛ばした体験を想起し，気付いたことを話し合う。 **問題**　閉じ込めた水に力を加えると，中の水はどうなるだろうか。 ○モデル図を用いて，空気と比較しながら予想する。 ○注射器を使って閉じ込めた水に力を加えたときの様子を調べる。 ○閉じ込めた水の体積変化についてまとめる。 **見方や考え方**　閉じ込めた水に力を加えると，空気と違って体積は変わらない。 ○身の回りの道具で，空気や水の性質を利用している物を調べる。 ○空気や水の性質を活用したものづくりをする。	◆思考・表現② 注射器を押したときの水の体積変化を，空気と比較して考え，予想している。 ◆技能② 注射器を押したときの水の体積変化を調べ，その結果を記録している。 ◆知識・理解② 閉じ込めた水を圧しても体積が変わらないことを理解している。 ◆関心・意欲・態度② 空気や水の性質を利用している物を見つけ，ものづくりをしようとしている。

4 「科学的な思考・表現」の指導と評価の実際（第1次，第3・4時）

(1) 本時の目標

閉じ込めた空気に力を加えたときの様子について調べ，注射器のピストンを押したときの様子を，中の空気の様子と関連付けて考え，表現することができる。

(2) 本時の展開

主な学習活動	教師の支援◇　評価◆
【活動のきっかけ】 ○袋に空気を閉じ込めたり，空気鉄砲で玉を飛ばしたりした活動から，閉じ込められた空気の様子を想起する。	◇袋や鉄砲の中の空気は閉じ込められていることを確認する。

> 問題　閉じ込めた空気に力を加えると，中の空気はどうなるだろうか。

○注射器のピストンを押すと中の空気はどうなるかをモデル図に描いて予想し，発表する。 ・空気はつぶれる。 ・空気は狭くなる。 ・空気は圧し縮められる。 ・空気は減る。	◇モデル図の空気は，擬人化させて表情を描いたり，粒や人などが混んでいる様子で描いたりさせる。
○目盛10まで空気を閉じ込めた注射器のピストンを押して，中の空気の様子を調べる。 ・ピストンを押すと目盛4まで下がった。 ・手ごたえは，だんだん大きくなった。 ・ピストンを離すと目盛10まで戻った。	◇注射器の先から空気が漏れないように指導する。 ◇ピストンの押し下げを何度か繰り返させ，手ごたえを感じさせる。 ◇目盛は先を1として上に行くと増えていくようにする。
○ピストンを押したときの記録をノートに記入する。 ・目盛10からピストンを押すと，目盛4まで下がった。 ・目盛が小さくなると手ごたえが大きくなる。	◇実験結果を数値で記入させて，全体で確認した後，中の空気の様子を記述させて，子どもの考えを表出させる。
○ピストンの動いた様子から，注射器の中の空気の様子をノートに記述し，説明する。 ・空気は圧しつぶされて縮んだ。 ・空気は圧されて体積が小さくなった。 ・ピストンは空気に圧し返された。 ・圧された空気には戻る力があると思う。	◆思考・表現① 注射器の中の空気の体積が変化した様子や手ごたえについて記述し，説明している。 〈行動観察・記録分析〉

> 見方や考え方　閉じ込めた空気に力を加えると，空気の体積は小さくなり，圧し返す力は大きくなる。

(3) 指導と評価の実際 【実験結果から結論をまとめる場面】

> ここでは,「閉じ込められた空気の体積変化と圧し返す力」について,観察,実験の前にモデル図を使用して子どもの考えを表出させ,観察,実験後にモデル図と実験結果を関連付けて,子どもが科学的に思考できたかどうか,また,自分の考えを分かりやすく表現できているかどうかを,ワークシートの記述から分析する。
>
> まず,実験前に予想をかかせた後,注射器に空気を閉じ込めて,ピストンを押したときの目盛と手ごたえを実験結果として明らかにする。子どもは,中の空気の様子を空気の体積や手ごたえと関係付けて考察することになる。

① 「おおむね満足」と判断できる子どもの評価例

　B児は,予想の段階で,モデル図を用いて「空気を圧すと狭くなる」という考えをもっていた。実験後の考察では,注射器の中の空気は体積が小さくなって,ピストンの手ごたえは空気の体積が小さくなると大きくなると言葉と図で記述していた。予想では,「空気を圧すと狭くなる」イメージであったが,実験を通して,中の空気の様子について,空気の体積とそのときの手ごたえを関係付けて科学的に思考し,言葉や図で表しているため,「おおむね満足」している状況と判断できる。

＜予想のモデル図＞　　　　　　　　　＜考察の記述＞

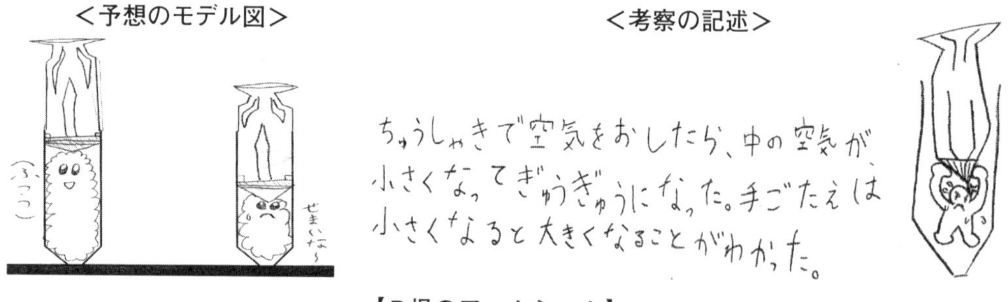

【B児のワークシート】

② 「十分満足」と判断できる子どもの評価例

　A児は,予想で,モデル図を用いて「空気はきつくなる」と考えていた。実験後の考察では,空気が圧しつぶされている様子や空気の体積によってピストンの手ごたえが変わる様子を言葉と図で記述することができた。実験を通して,イメージだけの予想から,空気の体積と手ごたえを関係付けて科学的に思考していた。さらに,言葉だけでは伝わりづらい「空気の体積が変わることで,手ごたえがかたくなったりやわらかくなったりする様子」を分かりやすく効果的な図で表現し,説明できているため,「十分満足」している状況と判断できる。

<予想のモデル図>　　　　　　　<考察の記述>

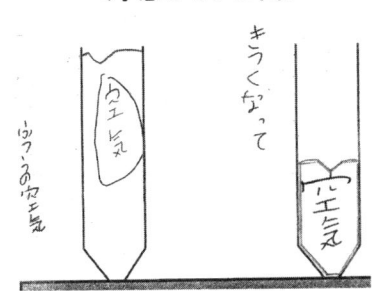

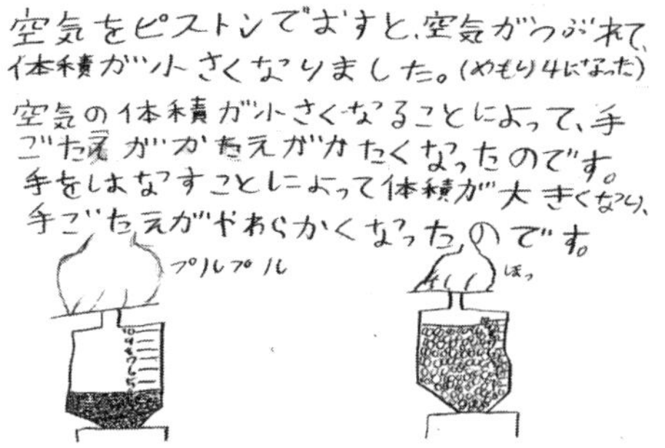

【A児のワークシート】

またD児は，予想の段階で，モデル図で空気を粒子としてイメージし「空気がつぶされる」と考えていた。実験後の考察では，注射器の目盛の数値にふれながら，空気が圧しつぶされている様子とピストンが戻る様子について言葉と図で記述していた。実験を通して，イメージだけの予想から空気の体積の様子とピストンが戻る様子を関係付けて科学的に思考することができた。さらに，ピストンが戻ることで空気に体積を戻そうとする力があることを推論できていることから，「十分満足」している状況と判断できる。

③ 「努力を要する」と判断した子どもの評価例と指導の手だて

C児は，実験後の考察で「空気を圧すと空気が減る」と考えていた。そこで，予想のモデル図に立ち返り空気が閉じ込められていることを確認させ，中の空気が外に出ないことを意識させた。また，別のE児は，考察で，空気の様子ではなくピストンの動きについての記述をしていた。そこで，予想でかいたモデル図を利用し，中の空気の変化に着目して考えるよう助言した。

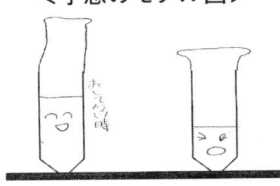

<予想のモデル図>　　　　　　　<考察の記述>

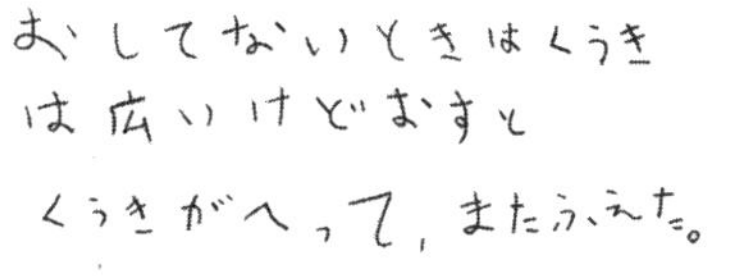

【C児のワークシート】

☞ ここがポイント！ 村山教科調査官メモ

本事例は，閉じ込められた空気の体積変化と圧し返す力について，結果から結論をまとめる場面を取り上げている。予想の段階でかいたモデル図と実験後に描いたモデル図を比較させながら考察させている。文字と図の両方を用いて学習カードにまとめさせている。

第4学年 【A 物質・エネルギー】

金属，水，空気と温度
―物の温まり方―

1 単元の目標

　金属，水及び空気の性質について興味・関心をもって追究する活動を通して，温度の変化と金属，水及び空気の温まり方や体積の変化とを関係付ける能力を育てるとともに，それらについての理解を図り，金属，水及び空気の性質についての見方や考え方をもつことができるようにする。

2 本単元での指導と評価のポイント

(1) 温度の変化と金属・水・空気の温まり方や体積変化とを関係付ける

　金属・水・空気は温まり方や体積の変化に共通点や違いがある。そこで，金属・水・空気の温まり方や体積の変化を比較してとらえられるようにし，それぞれを関係付けて結果を考察することにより，科学的な思考・表現を高めるようにする。金属の温まり方を調べる活動では，棒状の金属や金属板など形状の違う金属を温める活動や，熱源を中心部や端に移動させて温める活動を取り入れていく。

(2) モデル図の活用による根拠をもった表現活動を充実する

　言葉による説明だけでは，目に見えない物の温まり方を子どもたちに意識させ，表現させることはむずかしい。そこで，実験に加えて，熱の移動を矢印や色に置き換えて図に表すことで，自分の考えを明確に表現できるようにする。また，その図を根拠として，文章と結び付けながら考察し，分かりやすく説明し合う活動を取り入れるようにする。

(3) 日常生活と関連付ける

　火を使って物を温めるという経験が少なくなってきているのが現状である。このことを踏まえ，物の温まり方について実感を伴った理解を図るために，導入時に，金属や水などを温めたときの経験を話し合わせたり，日常生活で使われている物を見せたりする。また，単元の最後にエアコンの仕組みやお風呂での経験などを話し合わせたり，ミニ熱気球の製作をしたりすることにより，本単元の学習内容と日常経験とのつながりを意識させるようにする。

第3章 「科学的な思考・表現」の指導と評価の実際　第4学年

3 指導と評価の計画―物の温まり方―（全10時間）

	学習活動	評価規準
第1次 3時間	【活動のきっかけ】 ○身近な金属が温まる様子を観察する。 **問題** 金属はどのように温まるのだろうか。 ○金属の温まり方について予想し，実験の計画を立てる。 ○ろうを塗った金属の板や，ろうを垂らした金属の棒を熱して温まり方について確かめる。 ○金属の温まり方について考え，表現する。 **見方や考え方** 金属は熱せられたところから順に，すべての向きに広がるように温まる。	◆関心・意欲・態度① 物の温まり方に興味をもち，意欲的に調べようとしている。 ◆思考・表現① 金属の温まり方について考え，自分の考えを表現している。 ◆知識・理解① 金属は熱せられた部分から順に温まることを理解している。
第2次 5時間	【活動のきっかけ】 ○水の温まり方について話し合う。 **問題** 試験管の中の水はどのように温まるのだろうか。 ○試験管の水を下から熱したとき，どのように温まるかを予想し，実験の計画を立てる。 ○水の入った試験管の中に示温テープを入れ，色の変化を観察して水の温まり方について確かめる。 **見方や考え方** 水は下の方を熱すると，上の方から温まる。 **問題** 水の下の方を熱すると，上の方から温まるのはなぜだろうか。 ○水の下の方を熱すると上の方が先に温まる理由を話し合い，実験の計画を立てる。 ○茶葉や示温インクを用いて，熱せられた水がどのように動くかを確かめる。 ○水の温まり方について考え，表現する。 **見方や考え方** 熱せられた水が上の方に動いて，上から順に温まる。	◆技能① 実験器具を正しく使い，水が温まる様子を確かめている。 ◆思考・表現② 水の温まり方について考え，表現している。 ◆技能② 水が温まる様子を調べ，その過程や結果を記録している。 ◆思考・表現③ 水の温まり方について考え，表現している。 ◆知識・理解② 水は熱せられた部分が移動して上から順に温まることを理解している。
第3次 2時間	【活動のきっかけ】 ○冷たい部屋が温まる体験を通して空気の温まり方について話し合う。 **問題** 空気は，どのように温まるのだろうか。 ○空気の温まり方を予想し，実験の計画を立てる。 ○温度の計測や模型の観察から，空気の温まり方について確かめる。 ○空気の温まり方について考え，表現する。 **見方や考え方** 空気は水と同じように熱せられた空気が上の方に動いて上から順に温まる。	◆思考・表現④ 空気の温まり方について考え，表現している。 ◆知識・理解③ 空気は熱せられた部分が移動して上から順に温まることを理解している。

4 「科学的な思考・表現」の指導と評価の実際 （第1次，第2・3時）

(1) 本時の目標

金属の温まり方について考え，自分の考えを表現することができる。

(2) 本時の展開

主な学習活動	教師の支援◇　評価◆
【活動のきっかけ】 ○普段の生活の中で，金属を温めた経験を話し合う。	◇普段の生活の中で使われている金属や，金属を温めた経験を紹介する。
問題　金属はどのように温まるのだろうか。	
○金属の板がどのように温まるかを予想し，図にかいて発表する。 ○金属の板を熱して（角から温める場合，真ん中から温める場合）温まり方について調べる。 ・角から熱すると，熱したところから丸くろうが溶けていった。 ・角から熱すると，熱したところから広がるようにろうが溶けていった。 ・板の真ん中から熱すると，円を描くように外側へ向かってろうが溶けていった。 ○実験結果から金属の板の温まり方について考え，ワークシートに記入する。 ○金属の棒がどのように温まるかを予想し，発表する。 ○金属の棒を熱して温まり方について調べる。 ・ろうは，熱したところから左右に向かって溶けていった。 ・ななめにしても，熱したところから両端に向かって溶けていった。 ○予想時にかいたワークシートを見直して，金属の温まり方について記述し，説明する。 ・棒をななめにすると上の方は温まらないと思っていたけど，熱したところから両端に向かって温まっていくことが分かった。 ・棒は，平行にしてもななめにしても熱したところから順に温まっていくことが分かった。 ・板でも棒でも，金属なら熱したところから順番に温まっていく。	◇矢印や色などを使って図をかかせる。 ◇実験器具を正しく使い，火には十分に気を付けて実験するように指導する。 ◇金属の板の温まり方と関係付けて見通しをもつようにする。 ◇地面と平行にして温める場合と，ななめにして温める場合の2つの実験を行う。 ◇実験結果を踏まえて，予想時にかいたワークシートと比較しながら自分の考えを記述説明させる。 ◆思考・表現① 金属の温まり方について考え，自分の考えを表現している。〈記録分析〉
見方や考え方　金属は熱せられたところから順に，すべての向きに広がるように温まる。	

(3) 指導と評価の実際 【実験結果から結論をまとめる場面】

> ここでは、「金属の温まり方」を、図を活用して視覚的に表現できるようにし、子どもが科学的に思考できたかどうか、また、自分の考えを分かりやすく表現できているかどうかを、ワークシートの記述から分析する。
> 評価のポイントは、①金属板と金属棒、2つの温まり方を関係付けながら表現できているか、②実験結果を図に示し、明確な根拠を伴った表現活動になっているか、③日常生活の事象に結び付けて考えられているか、の3点である。

① 「おおむね満足」と判断できる子どもの評価例

B児は、予想の段階では、金属の棒をななめにして真ん中を熱した場合は、ななめ下の部分は温まり、ななめ上になっている部分は温まらないと考えていたが、実験を通して図を修正し、文章と合わせて記述することができた。

さらに、板の温まり方と棒の温まり方の両方から「金属の温まり方」を考え、記述することができていたことから、「おおむね満足」している状況であると判断できる。

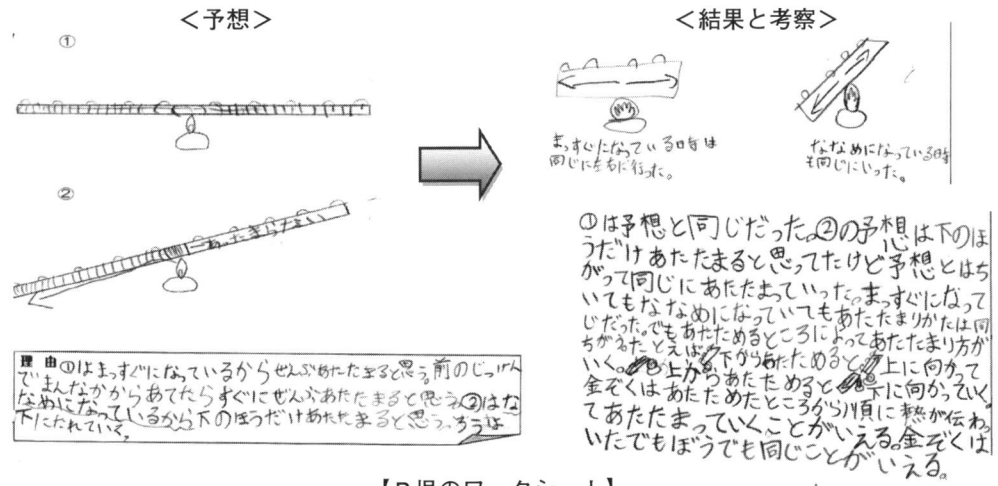

【B児のワークシート】

② 「十分満足」と判断できる子どもの評価例

A児は、金属の棒をななめにしても平らにしても熱するところが同じであれば温まり方は変わらないことや、板の温まり方と棒の温まり方の2つの実験を関係付けながら「金属の温まり方」について記述している。また、予想と結果を関連付けて科学的に思考したり、図を用いて的確に表したりすることができていた。

さらに，日常生活の事象にも関係付けて広く「金属の温まり方」についてとらえることができていることから，「十分満足」している状況であると判断することができる。

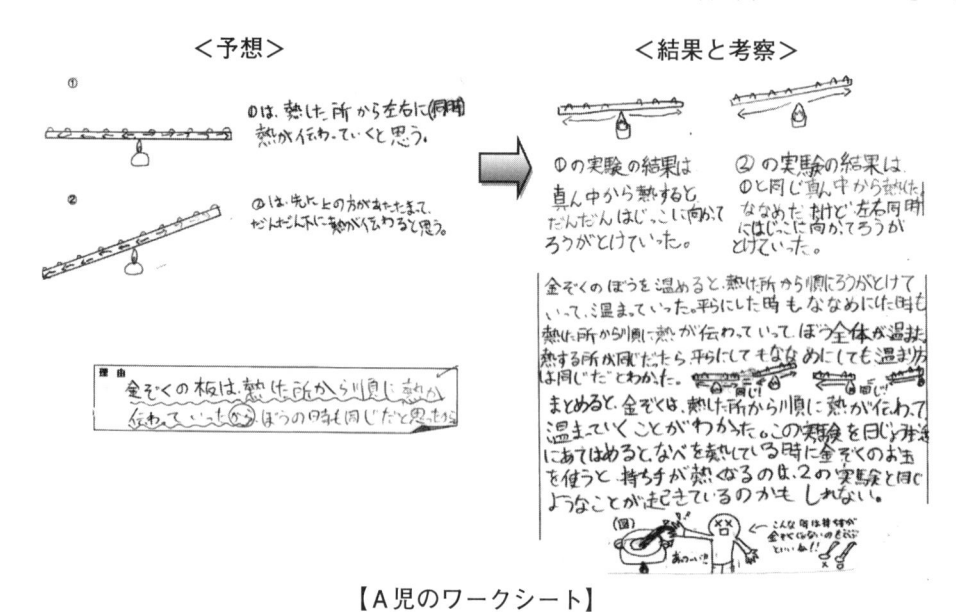

<予想>　　　　　　　　　　　　　<結果と考察>

【A児のワークシート】

③ 「努力を要する」と判断した子どもの評価例と指導の手だて

C児は，実験結果を図に正しく表すことができていた。しかし，思考はろうが溶けたことや溶ける速さに限定され，金属の温まり方について記述するまでに至っていなかった。結果を記述すれば考察できたと誤解していると判断した。

そこで，事象を結果としてとらえるだけでなく，ろうの溶け方と金属の温まり方を関係付けたり，結果を導き出した理由や日常生活の事象とのかかわりを考えたりしながら記述するように助言した。

<結果と考察>

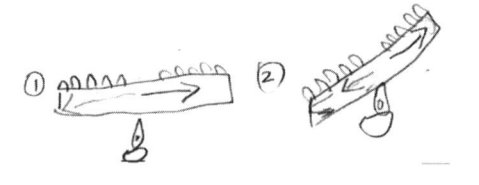

【C児のワークシート】

☞ ここがポイント！ 村山教科調査官メモ

本事例は，金属の温まり方について，結果から結論をまとめる場面を取り上げている。ワークシートの記述例から，既習事項との関係付けや日常生活の事象への適用がていねいに指導されている様子がうかがわれる。

第4学年 【A 物質・エネルギー】

電気の働き

1 単元の目標

電気の働きについて興味・関心をもって追究する活動を通して，乾電池のつなぎ方や光電池に当てる光の強さと回路を流れる電流の強さとを関係付ける能力を育てるとともに，それらについての理解を図り，電気の働きについての見方や考え方をもつことができるようにする。

2 本単元での指導と評価のポイント

(1) 単元の系統性を意識した学習を展開する

電流の向きが変わるとモーターの回る向きも変わること，2つの乾電池を直列につなぐと1つのときよりも電流が強くなり，並列につなぐと変わらないこと，光電池は光量によって電流の強さが変わる性質があることをしっかり押さえるようにする。また，第3学年の「回路」を確認したり，第5学年の「電磁石」につながるよう電気の働きを扱ったりするなど，単元の系統性を意識した学習になるようにする。

(2) イメージ化を図り，電気の働きとの関係付けを中心にした表現活動をさせる

目に見えない電気の流れや強さをイメージしやすくするために，モデル図や回路図などを用いて，図やイラスト，言葉に表す活動を取り入れる。その際，電気の働きと関係付けられているか，明確な根拠を伴っているかをしっかり押さえる。また，モデル図などでイメージしたことを，科学的な言葉や概念を整理しながら説明できるようにする。

(3) 学びの日常化を図る

電気の働きや性質について学んだことが，実社会や実生活と結び付いていることを実感することで，学びが生活に生きてくる。そこで，単元の最後に，学習したことを日常生活と関係付けるために，ものづくりを行う。電池のつなぎ方や，乾電池・光電池の性質について習得した知識を生かして，簡単なおもちゃづくりを行う。その際，簡単な仕組みのおもちゃ（電動カーなど）の分解・改造実験をするなど，科学的に思考・表現する力を高める機会を設けるよう工夫しながら，日常化を図るようにする。

3 指導と評価の計画（全12時間）

	学習活動	評価規準
第1次 6時間	【活動のきっかけ】 ○乾電池1個とモーターを使って，プロペラが飛んだり，飛ばなかったりすることに気付く。 **問題** プロペラを飛ばすにはどうしたらよいだろうか。 ○プロペラが飛ぶ仕組みを予想し，実験の計画を立てる。 ○乾電池や，導線をつなげる向きを変えながら，プロペラの回る向きを確かめる。 **見方や考え方** プロペラ（モーター）の回る向きを反対にするには，乾電池の＋極と－極の向きを反対にする。 【活動のきっかけ】 ○乾電池2個をモーターにつないでプロペラを飛ばし，飛ぶ高さに違いがあることに気付く。 **問題** プロペラを高く飛ばすには，2個の乾電池をどのようにつないだらよいだろうか。 ○モーターと乾電池2個とのつなぎ方を予想し，実験の計画を立てる。 ○電池の直列つなぎと並列つなぎと，プロペラの飛ぶ高さとの関係を確かめる。 ○モデル図や回路図を使い，電気のイメージをもつ。 **見方や考え方** 乾電池を直列につなぐと回路に流れる電流が強くなり，プロペラが高く飛ぶ。並列につなぐと乾電池1個のときと変わらない。	◆関心・意欲・態度① プロペラのおもちゃづくりに意欲的に取り組もうとしている。 ◆思考・表現① プロペラの回る向きを乾電池の向きと関係付けて考え，表現している。 ◆技能① 乾電池を2個つなげて，プロペラの飛び方を確かめている。 ◆思考・表現② 乾電池2個をつないだときの，プロペラの回る速さの違いと乾電池のつなぎ方との共通点・相違点を考え，表現している。 ◆知識・理解① 乾電池の数やつなぎ方を変えると電流の強さが変わることを理解している。
第2次 2時間	【活動のきっかけ】 ○光電池をモーターにつないで，光電池に光が当たると，モーターが動くことに気付く。 **問題** 光電池にはどのような特徴があるだろうか。 ○光の当て方によって，モーターの回る速さが変わることを確かめる。 **見方や考え方** 光電池は，光の当て方によって，電流の強さを変えることができる。	◆技能② 光電池につないだモーターの回る速さや電流の強さを確かめている。 ◆思考・表現③ 光の当て方と光電池の強さとを関係付けて考え，表現している。
第3次 4時間	【活動のきっかけ】 ○おもちゃの改造実験を通して既習事項を振り返る。 **問題** 電気の働きをものづくりに生かすにはどうしたらよいだろうか。 ○目的に応じて，乾電池や光電池を上手に利用しながら，ものづくりに取り組む。 **見方や考え方** 電池の向きやつなぎ方で，電流の向きや大きさを変えることができ，ものづくりに生かすことができる。	◆思考・表現④ 電気の働きと関係付けながらおもちゃの仕組みについて考え，表現している。 ◆関心・意欲・態度② ものづくりに意欲的に取り組もうとしている。

第3章 「科学的な思考・表現」の指導と評価の実際 第4学年

4 「科学的な思考・表現」の指導と評価の実際 （第3次, 第9時）

(1) 本時の目標

電気の働きと関係付けながら, 改造したおもちゃの仕組みを表現することができる。

(2) 本時の展開

主な学習活動	教師の支援◇　評価◆
○前時までの学習内容を振り返る。 ・電池の向きを変えると, 電流の向きも変わる。 ・直列つなぎと並列つなぎで電流の強さが違う。 ・光電池は光量により電流の強さが変わる。 ○2台の電動カーを比較しながら遊ぶ。 ・スピードが違う。 ・前進・後進のシールと逆の方向に進む。 ・電池の数が2個で同じ。 ○本時の問題を確認する。	◇電気の働きに関する3つのポイントを確認するようにする。 ◇2つの乾電池をつなげてあるが, スピードと走行方向が異なる2台の電動カーを準備しておく。2人1組で遊ぶようにする。 ◇2台の相違点と共通点（電池の数は同じ）を確認する。

問題 2台の電動カーを同じ性能にするためにはどうしたらよいだろうか。

○既習事項を基に, 問題解決の見通しをもつ。 ・前進・後進をシール表示と合わせる。 　→電池の＋と－を入れ替える。 ・スピードを同じにする。 　→電池のつなぎ方を同じにする。 ○改造実験をする。 ○同じ性能にするために, 改造したところについて全体で交流する。 ・電池の向きを反対にすると, 電動カーの進む向きが変わった。 ・スピードを同じにするには, ①並列つなぎにして遅い方に合わせる方法と, ②直列つなぎにして速い方に合わせる方法の2種類があった。 ・導線のつなぎ方を逆にした。 ○学習をまとめる。	◇電気の働きと関係付けて, 見通しをもつようにする。 ◇電気の働きが生かされるように, 改造のポイントを以下の3つにしぼるようにする。 　①乾電池, ②青い導線, ③ワニ口クリップ ◆思考・表現④ 電気の働きと関係付けながら, おもちゃの仕組みについて考え, 表現している。 〈記録分析〉 ◇相違点を解決するために, どのような手だてをとったかについて, 電気の働きと関係付けながら説明するようにする。

見方や考え方 電池の向きやつなぎ方で, 電流の向きや大きさを変えることができ, ものづくりに生かすことができる。

○次時にものづくりをすることを確認する。 ○次時の見通しをもつため, ものづくりで気を付けたいことを全体で交流する。 ・電池の方向や, 直列つなぎ・並列つなぎを間違えないようにしたい。 ・スピードが出過ぎるとすぐ壁に衝突するから, 並列つなぎにしてスピードをおさえよう。	◇自分の作りたいものの特性や回りの環境を考えながら, 場面に適したものをつくるには, どのようにするとよいかを交流するようにする。 ◇電気の働きをどのように活用できるかについて交流するようにする。

(3) 指導と評価の実際 【ものづくりの場面】

　既習事項の日常化を図るために，単元の最後にものづくりを行う。その際，習得した知識・技能が実験だけではなく，身近なものにも同じように活用できるという意識づくりが必要である。そこで，「2台の電動カーを同じ性能にする」という条件のもと，「身近なおもちゃの分解と改造」を通して，電気の働きと関係付けながら仕組みや構造を調べる。その中で，子どもは，次時のものづくりの展望をもっていくことになる。評価のポイントは，①電動カーの分解と改造により，性能が同じになっているか，②電気の働きと関係付けられ，明確な根拠を伴った表現活動をしているか，③次時への展望に電気の働きが生かされているかの3点である。

① 「おおむね満足」と判断できる子どもの評価例

　B児は，予想で，①乾電池を反対にすると，電流の向きも反対になる，②電池のつなぎ方によって，モーターの回る速さが変わるという，単元で身に付けるべき知識・技能を取り上げていた。また，全体交流の発言では，電気の働きと関係付けながら，実験結果から考察したことを述べることができていた。

　次時への見通しをもつ場面では，自分の作品をどのようにしたいかを考えて，エアースライダーを高く浮かせたいから，直列つなぎにしてモーターを速く回せばよいという見通しをもつことができていた。単元で学習したことが，活動や発言の中に的確に表されているので，「おおむね満足できる」状況だと判断できる。

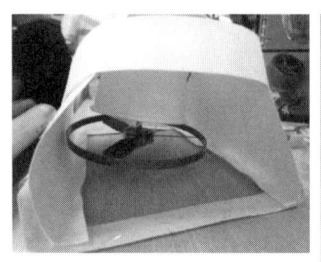

【B児の作品とノート】

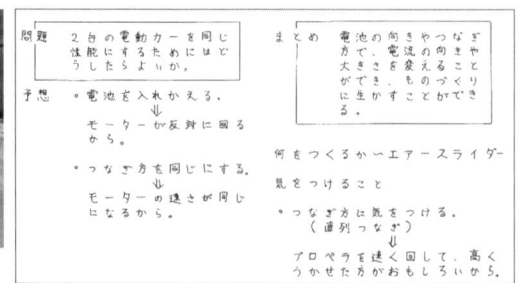

② 「十分満足」と判断できる子どもの評価例

　A児は，予想で，①電池の＋と－を入れ替える，②直列つなぎか並列つなぎにするという単元で身に付けるべき知識・技能を，電流の向きが変わる，電流の強さを同じにするという根拠を明らかにしながら取り上げていた。なぜ，モーターが逆に回ったり，モ

第3章 「科学的な思考・表現」の指導と評価の実際　第4学年

ーターが速く回ったりするのかまで考えることができていた。全体交流の発言では、予想と結果を比較して考察したことや、電気の働きと関係付けながら根拠を明確にした意見を科学的な言葉を使って述べることができていた。

　次時への見通しをもつ場面では、自分の作品をどのようにしたいかに加えて、ちょうどよいスピードで回るメリーゴーランドにするには、乾電池を使用するならば並列つなぎ、それでも回るのが速過ぎたときには光電池を使うという2段階の見通しをもつことができていた。また、3学年で学習したショート回路についてもふれていた。単元で学習したことが、活動や発言の中で、しっかりとした根拠を基に的確に表されているので、「十分満足できる」状況だと判断できる。

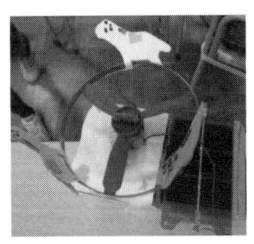

【A児の作品とノート】

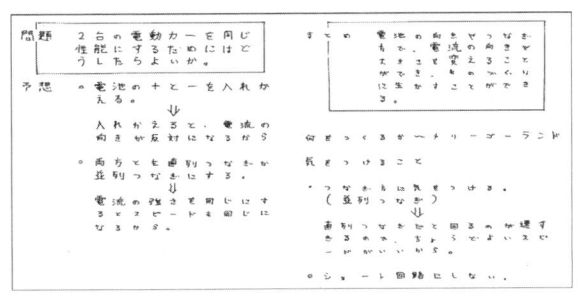

③　「努力を要する」と判断した子どもの評価例と指導の手だて

　C児は、まったく予想を立てることができなかった。単元で学習したことが、活動や発言の中で生かされていなかったり、電気の働きに関係する工夫がものづくりで見られなかったりしたので、「努力を要する」状況だと判断した。

　そこで、単元の学習を振り返りながら電池の方向とつなぎ方という2点が活動に取り上げられるよう導いた。次時への見通しをもつ場面でも、見通しをもてずにいたので、モデル図を利用して速さをどうしたいかという観点を必ず取り入れながら自分の作品を考えるよう指導した。その結果、ものづくりでは、分解・改造実験で学習した直列つなぎのモーターカーをつくり、外形デザインの工夫をしていた。

☞ここがポイント！ 村山教科調査官メモ

　本事例は、電気の働きに関するものづくりの場面を取り上げている。学習で獲得した知識や技能を活用して、ものづくりという活動を通して、その定着やさらなる思考を促すことは、実践的に思考し判断させる上で大切なことである。

第4学年 【B 生命・地球】

人の体のつくりと運動

1 単元の目標

　人や他の動物の骨や筋肉の動きについて興味・関心をもって追究する活動を通して，人や他の動物の体のつくりと運動とを関係付ける能力を育てるとともに，それらについての理解を図り，生命を尊重する態度を育て，人の体のつくりと運動とのかかわりについての見方や考え方をもつことができるようにする。

2 本単元での指導と評価のポイント

(1) 自分の体をじっくり観察し，見えないものを意識できるようにする

　自分の体のこととはいえ，骨や筋肉を実際に見ることはできないので，言葉による説明だけでは，子どもたちに意識させることはむずかしい。そこで，まず自分の体とじっくり向き合うようにする。骨や筋肉を意識させるだけではなく，実際に観察して調べた結果を図や絵，言葉などで表現し，骨と筋肉そして関節との関係を分かりやすく説明し合う活動を取り入れるようにする。それでもやはり，実際に見ることのできない骨や筋肉などの存在をとらえるのがむずかしい子どももいる。そうした子どもには骨格標本や筋肉標本，または映像などを示し，自分の体と対比してとらえられるようにする。

(2) 日常生活との関連付けで「実感を伴った理解」を図る

　自分の体についてではあるが関心が低い現状を踏まえ，学習内容と自分の体や日常の生活の場面とを関連付けて進めるようにする。

　導入時には，水を飲むなどの日常生活の中から腕を固定するという活動を通して，骨や筋肉だけではなく，関節の存在に気付かせるようにする。子どもは，日常的に当たり前のように関節で体を動かしているため，腕を固定した不自由さの中から骨や筋肉と関節について意識していけるようにするとともに，自分の体のつくりや運動について巧みさを感じられるようにする。また，終末では，人と他の動物との体のつくりを比較する。体のつくりと運動を関係付けて，より日常的に自分の体について考えられるようにするとともに，生命を尊重する態度を育てられるようにする。

第3章 「科学的な思考・表現」の指導と評価の実際　第4学年

3 指導と評価の計画（全7時間）

	学習活動	評価規準
第1次 4時間	【活動のきっかけ】 ○コップを使って水を飲む活動や物を持ち上げたときの活動などから，自由なときと腕を固定させたときの違いを体験し，着目する。 ○人の体の骨と関節，筋肉について問題を見いだす。 **問題** 人の体のつくりは，どうなっているのだろうか。 ○自分の腕を動かす仕組みについて予想し，触ったり動かしたりする。 ○自分の体を触ったり動かしたりして骨の存在を確認し，腕のイメージ図をかく。 ○骨格標本や資料を使って，体の骨と腕の骨について確認し，図を修正していく。 **見方や考え方** 人の体には骨と筋肉があり，骨と骨をつなぐ関節がある。	◆関心・意欲・態度① 骨や筋肉の動きに興味・関心をもち，進んで人の体のつくりと運動の関係を調べようとしている。 ◆技能① 自分の腕や脚の曲がる部分について確かめ，曲がる部分について表している。 ◆知識・理解① 人の体には骨と筋肉があることを理解している。
第2次 3時間	【活動のきっかけ】 ○外や水を飲むときの活動の中から筋肉を触ったり友達の腕の様子を観察したりしながら，筋肉について着目していく。 **問題** 人の体の骨と筋肉の動きは，どうなっているのだろうか。 ○自分の腕を曲げたり伸ばしたりしながら筋肉の様子を確認する。 ○物を持っているときと腕を伸ばしているときの筋肉の動きを予想する。 ○人体模型や資料を使って，筋肉の付き方や動き方を確認する。 **見方や考え方** 骨に付いている筋肉を縮めたり伸ばしたりすることで，腕や脚などを関節で曲げたり伸ばしたりして人は体を動かすことができる。 **問題** 人と比べて他の動物の骨や筋肉の動きは，どうなっているのだろうか。 ○イヌやシカなどが動く様子を見て，予想する。 ○動画を利用したり，動物園と連携したりして調べる。 **見方や考え方** 他の動物も人と同じように骨や筋肉，関節がある。	 ◆思考・表現① 骨と筋肉の動きを関係付けて考察し，自分の考えを表現している。 ◆技能② 腕を曲げるときの筋肉の働きを確かめ記録している。 ◆知識・理解② 人の体を動かすことができるのは，骨，筋肉の動きによることを理解している。 ◆関心・意欲・態度② 人や動物の体のつくりと運動に生命の巧みさを感じ，観察しようとしている。

4 「科学的な思考・表現」の指導と評価の実際 （第2次，第5・6時）

(1) 本時の目標

人の体のつくりと運動とのかかわりについて，骨と筋肉の動きを関係付けて考察し，自分の考えを表現することができる。

(2) 本時の展開

主な学習活動	教師の支援◇　評価◆
【活動のきっかけ】 ○水を飲む活動や物を持ち上げたときの活動の中から筋肉を触ったり友達の腕の様子を観察したりしながら，筋肉について着目していく。 ・腕は決まった方にしか曲がらないね。 ・腕を曲げると上の方が縮んで腕を伸ばすと筋肉も伸びている感じがする。	◇前時までの骨と関節，筋肉の関係を自分の体の腕の曲げ伸ばしで調べさせる。 ◇第1次同様，自分の体で調べるようにする。 ◇身体的障害のある子どもへの配慮をする。

> **問題**　人の体の骨と筋肉の動きは，どうなっているのだろうか。

○体が動くときの筋肉の働きについて予想し，発表する。 ・体を動かすと筋肉が硬くなる。 ・腕を曲げると力こぶができる。 ・筋肉が骨を動かすのかな。 ・筋肉が縮んで腕を引っ張るのかな。 ○腕を曲げたり伸ばしたりしたときの筋肉の様子を調べる。 ○各班の観察結果を黒板に記入する。 ・腕を曲げたとき，腕の上の方の筋肉が硬くなったので筋肉が骨を動かしているようだ。 ・腕を伸ばすと，下の方の筋肉が硬くなって上の筋肉はやわらかくなった。 ・腕を曲げたとき，上の筋肉が盛り上がっていた。下は分かりづらいが力を入れると，硬くなったようだ。 ○提示されたモデル図と観察結果，そして予想時の記入を見直して，筋肉の動きを記述し，説明する。 ・腕を曲げると，腕の筋肉が縮んで力こぶができる。 ・腕を曲げると，筋肉が縮んで骨を引っ張っている。 ・腕を曲げているとき，反対の筋肉はゆるんでいる。	◇ペットボトルに水を入れるなどしておもりを用意する。 ◇腕を伸ばした状態から，腕に力を入れて曲げたとき，腕の上側の筋肉がどのような変化をするか調べる。おもりをもっていない手で実際に触って，硬さや盛り上がり方を調べる。 ◇腕を曲げた状態で，力を入れたり抜いたりして，腕の上側の筋肉を調べる。 ◇腕を伸ばした状態から，力を入れたまま腕を伸ばしたとき，腕の上側の筋肉がどうなったか調べる。 ◇モデル図に記入させて子どもの考えを表出させる。 ◇教師用のモデル図を用意しておき提示する。 ◇結果を踏まえて，予想を修正し，筋肉の動きについて記述説明させる。 ◆思考・表現② 　腕の骨の位置や筋肉の付き方，骨と筋肉の動きを関係付けて考察し，自分の考えを表現している。 〈発言分析・記録分析〉

> **見方や考え方**　骨についている筋肉を縮めたり伸ばしたりすることで，腕や脚などを関節で曲げたり伸ばしたりして人は体を動かすことができる。

第3章 「科学的な思考・表現」の指導と評価の実際　第4学年

(3) 指導と評価の実際　【観察結果から結論をまとめる場面】

　ここでは，「体を動かすのに，筋肉がどのように関係しているか」を，図や絵だけではなく，見た目や触った感じなど実感を記入させ，感覚的・視覚的に表現できるようにする。子どもが科学的に思考できたかどうか，自分の考えを分かりやすく表現できているかどうかを，記述や言動から分析する。
　評価のポイントは，実際に観察して調べた結果を骨と筋肉の動きと関節を関係付けて，図や絵，言葉を用いて明らかにしているかである。

① 「おおむね満足」と判断できる子どもの評価例

　B児は，「腕を曲げたり伸ばしたりすると，筋肉が細くなったり太くなったりすることが分かった。その働きで，骨に付いている筋肉を動かすと関節で腕が曲がったり伸ばしたりできる」と記入している。自分の腕を動かしたときの筋肉の変化を見とり，動きと筋肉の様子や骨との関係に気付き，関節で曲がることを記述しているので，「おおむね満足」している状況であると判断できる。

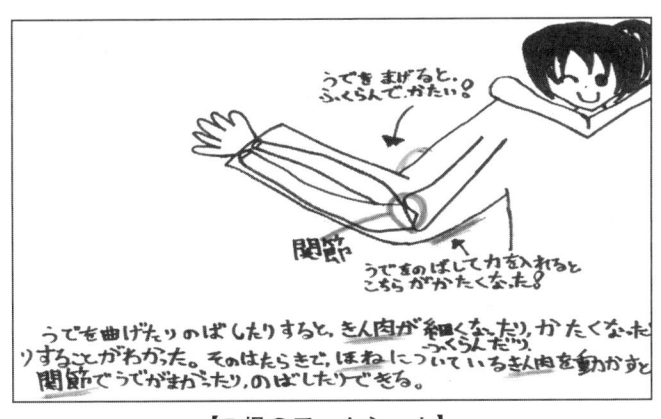

【B児のワークシート】

② 「十分満足」と判断できる子どもの評価例

　A児は，「押すときには外側の筋肉が，物を持ち上げるときには内側の筋肉が硬くなる。腕を曲げたり伸ばしたりするときなどは，骨と筋肉の働きで関節のところから腕を曲げたり伸ばしたりして体を動かすことができる」と表現している。また，図と言葉で骨と筋肉を関係付けて説明したことで，妥当な推論が可能になったと考えられる。さらに，腕以外の脚や他の体の部分についても言及していることから科学的な思考・表現については，「十分満足できる」状況であると判断した。

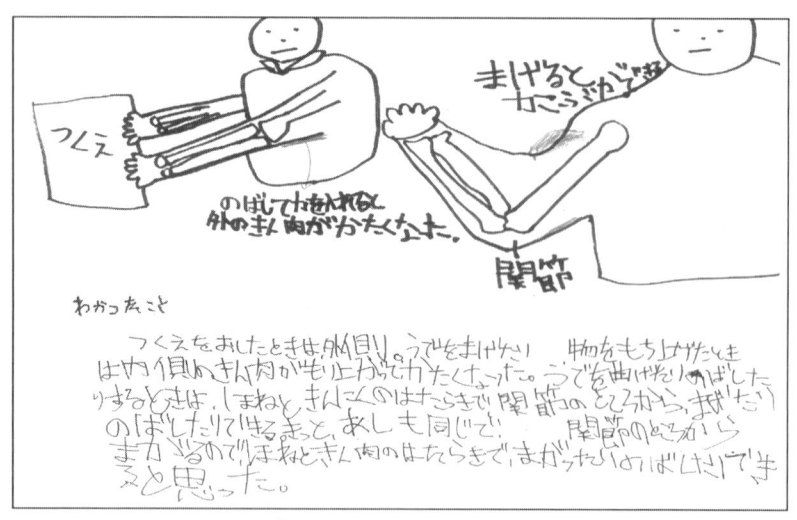

【A児のワークシート】

③ 「努力を要する」と判断した子どもの評価例と指導の手だて

　一方，C児は「腕を曲げたり伸ばしたりすると筋肉が細くなったり太くなったりしたので，その働きで体を動かすことができる」と記述している。動かしたときの筋肉の変化には気付くことができたが，骨や関節との関係付けができていないと判断できる。そのため，いろいろな動きと筋肉の様子だけではなく，骨の存在も確認できるように模型や映像などを使いながら自分の体と比較するように助言した。

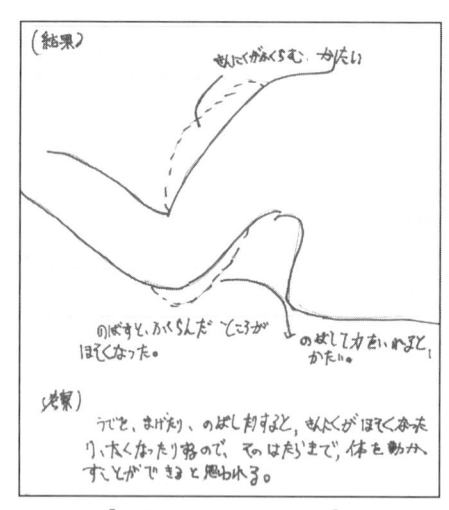

【C児のワークシート】

ここがポイント！ 村山教科調査官メモ

　本事例は，関節を動かすときの骨や筋肉の変化について，結果から結論をまとめる場面を取り上げている。自分の体を動かしたときの様子を観察したり触れたりしながら，骨の位置や筋肉の存在を調べていく。人体模型や映像資料も活用することが望ましい。

第4学年　【B 生命・地球】

季節と生物―秋と生物―

1 単元の目標

　季節ごとの動物の活動や植物の成長について興味・関心をもって追究する活動を通して，動物の活動や植物の成長を季節と関係付ける能力を育てるとともに，それらについての理解を図り，生物を愛護する態度を育て，動物の活動や植物の成長と環境とのかかわりについての見方や考え方をもつことができるようにする。

2 本単元での指導と評価のポイント

(1) 季節による生物の変化と気温とのかかわりを意識付ける

　本単元は，「春」「夏」「秋」「冬」と「1年」という小単元から成り立っているため，1年を通し，継続した観察を行うことができる。観察の際には，季節ごとに見られる生物の種類や数，選択した植物の成長や動物の活動と，そのときの気温とを記録し，季節の特徴に気付かせたい。また，観察記録を「生物カレンダー」としてまとめ，季節ごとの特徴を比べることで，「生物の成長や活動の変化」と「気温」とのかかわりについて理解し，新たな疑問を見いだしたり，日常生活に結び付けたりする力を育てるようにする。

(2) 年間を通した学習で「日本の四季」を感じさせる

　「春」「夏」「秋」「冬」と季節ごとに観察を行うだけでなく，年間を通して観察記録をとり，細かな気温の変化を意識させたい。そのことにより，四季について，一つ一つの季節の連なりでなく，「春」から「夏」へ，「夏」から「秋」へという移り変わりを感じることができる。日本独特の四季を感じながら，そこに生きるものの不思議に迫らせたい。

(3) 身近な生物や日常生活との関連を図る

　日本は南北に長いため，その土地の気候によって，見られる植物や動物に違いがある。そこで，身近に見られる生物，学級や家庭で育てている生物などを観察したり，日常生活から感じていることを気温の変化と関係付けながら検証したりすることで，より身近な現象としてとらえさせたい。それにより，生物を愛護する態度を育てつつ，実感を伴った理解につなげることができると考える。

3 指導と評価の計画（全7時間）

	学習活動	評価規準
第1次 3時間	【活動のきっかけ】 ○夏の頃と比べ，生物の様子がどのように変わったかを話し合う。 **問題** 生物は夏の頃からどのように変わってきたのだろうか。 ○桜や白樺など，定点観察を行ってきた植物や，ヘチマなど栽培してきた植物を観察し記録する。 ○虫や鳥など続けて調べている生物や，最近見るようになった生物について観察し記録する。 **見方や考え方** 植物は秋になると成長が止まり，実や種ができる。動物は活動が鈍くなったり卵を産んだりしている。	◆関心・意欲・態度① 身近な動物の活動や植物の成長に興味・関心をもち，進んでそれらの変化と季節とのかかわりを調べようとしている。 ◆技能① 身近に見られる動物や植物を探したり育てたりして観察し，その結果を記録している。 ◆関心・意欲・態度② 身近な動物や植物に愛情をもって，探したり育てたり観察したりしようとしている。
第2次 4時間	【活動のきっかけ】 ○秋の生物について，観察記録を「生物カレンダー」にまとめる。 ○春，夏，秋の「生物カレンダー」を基に，なぜ季節で生物の様子が変わるのかを考える。 **問題** 生物は温度を感じ，その変化によって様子が変わるのだろうか。 ○動物が温度を感じているのか，実験をして考えたことをまとめる。 ○植物が温度を感じているのか，実験をして考えたことをまとめる。 **見方や考え方** 生物は気温の変化を感じ，気温の変化に応じて成長したり活動したりしている。 **問題** 秋が深まり，生物たちの様子はどうなったのだろうか。 ○秋が深まって，生物の様子がどのように変わったのか観察し記録する。 ○観察記録を，「生物カレンダー」の秋の続きにまとめる。 **見方や考え方** 生物は暖かい季節，寒い季節によって成長や活動が変化している。種をつけたり，卵を産んだりして寒い冬の準備をしている。	◆思考・表現① 身近な動物の活動や植物の成長の変化と季節の気温の変化を比較して，それらについて予想や仮説をもち，表現している。 ◆思考・表現② 身近な動物の活動や植物の成長の変化と季節の気温の変化を関係付けて考察し，自分の考えを表現している。 ◆知識・理解① 動物の活動や植物の成長は，暖かい季節，寒い季節などによって違いがあることを理解している。

4 「科学的な思考・表現」の指導と評価の実際（第2次, 第5時）

(1) 本時の目標
動物は気温の変化を感じて活動しているのか，温度の変化に対する動物の活動の変化を観察し，自分の考えを表現することができる。

(2) 本時の展開

主な学習活動	教師の支援◇　評価◆
【活動のきっかけ】 ○生物の観察で気付いたことや生物の成長や活動の様子と気温の変化との関係について気付いたことを交流する。	◇春からまとめてきた表を基に，生物の様子と気温の変化の関係について考えさせる。

問題 動物は温度を感じ，その変化によって様子が変わるのだろうか。

主な学習活動	教師の支援◇　評価◆
○動物は温度を感じているのか予想し，発表する。 ○温度が低い場合の活動，温度が高い場合の活動を予想し発表する。 ○動物が温度を感じているかどうか実験する。 ・水温が低いとザリガニはあまり動かない。すごく弱っているみたいに，触っても反応しない。 ・水温を上げるとザリガニが動き出した。 ・ザリガニが元気になれる水温があるんだ。 ・ザリガニは水温を感じている。だから，水が冷たい冬は泥の中に潜っているんだ。 ・気温が下がるとアリの動きが止まった。 ・周りを温めて気温を上げたら活発に動き出したよ。 ・アリは気温を感じているんだ。 ○実験から気付いたこと，分かったことと予想時に考えていたことを比べ，ワークシートにまとめる。 ・ザリガニは水温が低いことを感じて動かなくなる。 ・アリは気温を感じて動いたりじっとしたりしている。 ・他の動物もそうだろう。 ・コオロギは気温が下がってくる秋になると卵を産む。 ・カブトムシは冬になると冬眠するよ。 ・動物はみんな温度（気温）を感じて卵を産んだり冬眠したりしているんじゃないかな。	◇今までの観察記録や表から，自分なりの根拠をもった予想をさせ，考えを表出させる。 ◇動物を急に冬の状態の中に置いたり，夏の状態の中に置いたりするため，子どもの「かわいそう」という心情を受け止め，時間や温度などに気を付けて慎重に実験できるように指導する。 ◇ザリガニの活動の変化と水温の変化を結び付けながら観察させる。 ◇アリの活動の変化と気温の変化を結び付けながら観察させる。 ◇予想と，実験から気付いたこと，分かったことを関連付けてワークシートにまとめさせ，考えを整理させる。 ◆思考・表現② 身近な動物の活動の変化と季節の気温の変化を関係付けて考察し，自分の考えを表現している。 〈記録分析〉

見方や考え方 動物は気温の変化を感じ，気温の変化に応じて活動している。

(3) 指導と評価の実際 【実験結果を基に考察する場面】

> ここは，これまでの観察や，観察をまとめた「生物カレンダー」などから予想される，生物と気温とのかかわりを，動物の活動について注目した実験によって検証し，自分なりの考えをワークシートにまとめる場面である。ここでは，気温と動物の関係について，子どもが科学的に思考できたかどうか，また，自分の考えを分かりやすく表現できているかどうかをワークシートの記述を通して分析する。

① 「おおむね満足」と判断できる子どもの評価例

B児は実験結果を記述するだけでなく，実験から分かったことを，「私の知っている生き物はほとんど気温の低い冬になると冬眠する」というように，自分の知っている他の動物の事例に当てはめて考え，結び付けながら記述している。また，気温と季節も結び付けて，科学的に考察しているため，「おおむね満足」している状況であると判断することができる。

D児は実験結果から分かることも，水温と季節とを関係付けて記述している。さらに，「他の動物はどうだろう」と，自分で疑問をもち，それを解決しようと思考している。

熊など「動物」として挙げやすいものだけでなく，「春に虫が出てくるのも同じだと思う」と記述にあるように，他の生物の例として虫も挙げ，様々な生物の活動に気温が大きな影響を与えていることを意識した記述となっている。このように，実験から分かることと，日ごろ目や耳にしている生物の活動について科学的に考え，記述していることから「おおむね満足」している状況であると判断することができる。

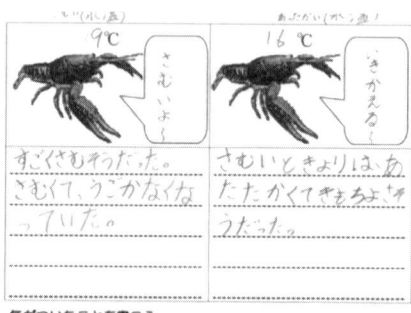

【B児のワークシート】

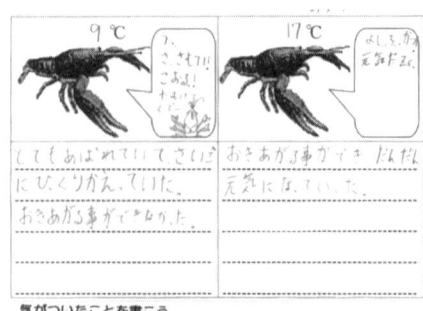

【D児のワークシート】

第3章 「科学的な思考・表現」の指導と評価の実際　第4学年

② 「十分満足」と判断できる子どもの評価例

A児は,「水温が低いときには動かない,高いときには元気に動く」というザリガニの様子と,気温が違うときの他の動物の活動を「気温が高い夏は元気で,低い冬は冬眠する」「虫も夏は鳴いたり飛んだりして,冬はいなくなる」と,関連付けて記述している。また,「こういう活動をするから気温を感じている」と裏付けるだけでなく,「気温を感じているからこういう活動をするのではないか」と科学的に思考している。

さらに,植物とも関連付け,「植物も温度を感じているから冬はかれる」と,総合的に「生物」をとらえることができていることから,「十分満足」と判断した。

【A児のワークシート】

③ 「努力を要する」と判断した子どもの評価例と指導の手だて

C児は,実験結果を単なる事象としてとらえるのではなく,ザリガニの活動と水温とを関連付けて考えることができている。しかし,思考は「ザリガニ」つまりこの実験にとどまり,他の生物にまで至っていない。結果を記述すれば考察できたと誤解していると判断した。

そこで,年間を通した気温の変化や,生物の様子をまとめた「生物カレンダー」を見ながら,他の生物についても気温とのかかわりを考えながら記述するように助言した。

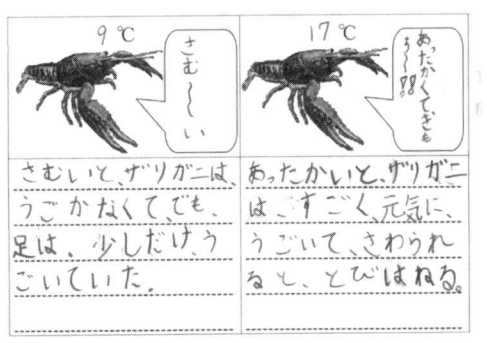

【C児のワークシート】

☞ここがポイント！ 村山教科調査官メモ

本事例は,季節と動物の活動の変化について結果から結論をまとめる場面を取り上げている。学習カードに吹き出しを入れて,ザリガニを擬人化するなどの工夫が見られる。生物については,感性を働かせて,自然を愛する心情を育てることも大切である。

第4学年　【B 生命・地球】

天気の様子

1 単元の目標

　身近な天気の様子や自然界の水の変化が起こる様子について興味・関心をもって追究する活動を通して，天気と気温の変化や，水と水蒸気とを関係付ける能力を育てるとともに，それらについての理解を図り，天気の様子や自然界の水の変化についての見方や考え方をもつことができるようにする。

2 本単元での指導と評価のポイント

（1）グラフや絵に表す

　本単元の第1次の内容のように，子どもたちは晴れの日は暖かく，曇りや雨の日は肌寒いと経験上では何となく分かってはいるものの，1日の気温の変化をとらえていることは少ない。気温をグラフに表すことで，その変化をはっきり理解できるようになる。
　また，第2次では，水蒸気を絵に表すことによって，子どもの思考を整理したり，見えないものをとらえさせたりするようにする。

（2）日常の場面から問題を提起することで意欲を高め，理解を深めさせる

　子どもたちは「ぞうきんは乾く」「寒い日は窓に水滴が付く」などの自然事象について気付いてはいるものの，「なぜ」こうなるのかをあらためて疑問に思ったり，追究したりすることは少ない。日常に見られる現象から問題を提起し，蒸発や結露の原理を理解した上で他の現象にも気付かせ，さらに理解を深めさせるようにする。

（3）実験方法を考えさせる

　自分の予想や仮説が正しいかどうか調べる方法を考えることは，意外に少ない。しかし，検証は理科にとって必要不可欠なものである。本単元では，空気中の水蒸気が冷やされて水になることを検証する方法を考える。実験方法が出にくい場合は，教師側から提示するが，なぜその方法で確認できるのかを考えさせる。検証実験を考えさせることで，追究したい気持ちや自ら学ぶ意欲をさらに高めるようにする。

第3章 「科学的な思考・表現」の指導と評価の実際　第4学年

3 指導と評価の計画（全11時間）

	学習活動	評価規準
第1次 5時間	【活動のきっかけ】 ○天気と気温の関係について，今までの経験を話し合う。	◆関心・意欲・態度① 天気と気温の関係に興味をもち，意欲的に調べようとしている。
	問題　晴れた日と曇りや雨の日では，1日の気温の変化はどのように違うのだろうか。	
	○気温の計り方について確認する。 ○これまでの経験を基に，天気と気温の関係について予想や仮説をもつ。 ○晴れた日と曇りや雨の日の気温の変化を調べる。 ○グラフから読み取れることを基に，天気と気温の変化について話し合う。	◆技能① 温度計などの器具を用いて気温を適切に計り，計測した結果をグラフに表している。 ◆思考・表現① 天気によって1日の気温の変化に違いがあることを関係付けて考えている。 ◆知識・理解① 天気によって1日の気温の変化の仕方に違いがあることを理解している。
	見方や考え方　天気によって1日の気温の変化の仕方に違いがある。	
第2次 6時間	【活動のきっかけ】 ○水たまりの水の行方について話し合う。	
	問題　すがたが見えなくなった水は，どこへいったのだろうか。	
	○水の行方についての予想や仮説をもつ。 ○実験計画を立てて，実験する。 ○水をためた容器におおいをしたものとしないもので，水の減り方を調べる。 ○水の行方について話し合う。	◆思考・表現② 自然蒸発を水の状態変化と関係付けて考え，予想や仮説，自分の考えを表現している。 ◆知識・理解② 水は蒸発し，水蒸気になることを理解している。
	見方や考え方　水は，地面や水面から蒸発し，水蒸気になって空気中に含まれていく。	
	【活動のきっかけ】 ○冷たい水を注いだコップの回りの様子について話し合う。	◆関心・意欲・態度② 自然界の水の変化に不思議さや面白さを感じ，見いだしたきまりで日常生活を見直そうとしている。
	問題　冷たい水を注いだコップがぬれるのは，どうしてだろうか。	
	○コップの外側がぬれることについて予想や仮説をもつ。 ○実験計画を立てて，実験する。 ○電子てんびんの使い方を習得する。 ○冷たい水を注いだ直後のコップの重さと，2～3分後のコップの重さを比べる。 ○予想と実験結果を整理する。	◆技能② 実験器具を正しく使い，実験結果を記録している。 ◆思考・表現③ 結露を水の状態変化と関係付けて考え，予想や仮説，自分の考えを表現している。 ◆知識・理解③ 水蒸気は結露して水になることを理解している。
	見方や考え方　空気中の水蒸気は，冷やされると再び水になって現れる。	

4 「科学的な思考・表現」の指導と評価の実際 （第2次，第9・10時）

(1) 本時の目標
冷たい水を注いだコップに付いた水がどこからきたのか調べるには，どのような方法がよいかを考え，実験結果を水の状態変化と関係付けて考察し，表現することができる。

(2) 本時の展開

主な学習活動	教師の支援◇　評価◆
【活動のきっかけ】 ○冷たい水を注いだコップの回りの様子について話し合う。	◇日常の一場面を想起させる。
問題　冷たい水を注いだコップがぬれるのは，どうしてだろうか。	
○コップの外側がぬれることについて予想し，発表する。 ・コップから水がしみ出てきた。 ・コップの外側になぜか水が付いた。 ・空気中の水蒸気が出てきた。 ○コップの外側がぬれるわけと，その考えが正しいかどうかを調べる実験を考える。 ・ぬれる前とぬれた後の重さを比べてみる。 ・コップに注ぐ水に色を付けてみる。 ○ぬれる前とぬれた後の重さはどうなるのかを予想し，記録する。 ○電子てんびんの使い方を習得する。 ○冷たい水を注いだ直後のコップの重さと，2～3分後のコップの重さを比べ，記録する。 ・ぬれた後の方が重い。 ○予想と実験結果から考えたことを記録する。 ・ぬれた後の方が重くなっているから，中からしみ出てきたのではない。 ・重さの増えた分が空気中から出てきた水だ。 ・空気中の水蒸気が冷えて水になったものが付いた。	◇実験方法が出にくい場合は，教師側から方法を提示し，なぜその方法だと確認できるのかを確かめさせる。 ◇電子てんびんの使い方を指導する。 ◆思考・表現③ 自然界で見られる結露について，水の状態変化と関係付けて考え，表現している。 〈記録分析〉
見方や考え方　空気中の水蒸気は，冷やされると再び水になって現れる。	
○空気中の水蒸気が冷やされて水になり，物をぬらす現象を「結露」ということをおさえる。 ○身の回りで起こる結露する現象を話し合う。	

第3章 「科学的な思考・表現」の指導と評価の実際　第4学年

(3) 指導と評価の実際　【実験結果から考察をまとめる場面】

> 　自然界で見られる結露について，水の状態変化と関係付けて考え，自分の考えを表現しているかどうかを記述から分析する。ここでは，実験結果を基に，結露が起こる現象を絵で表現し，正しく記述できているかを評価する。「コップの水」以外にも結露が起こる場面を想像できたかどうかも評価のポイントである。

① 「おおむね満足」と判断できる子どもの評価例

　B児は，コップに付いた水は，空気が冷やされてできたものだと予想した。検証実験の方法は自ら思いつかなかったが，電子てんびんを使うというヒントで実験の意義を理解していた。

　実験後，「空気の中には水蒸気という水のもとがある」「水蒸気は冷やされると水になる」という記述から，結露を水の状態変化と関係付けてとらえることができているので，「おおむね満足できる」状態と判断できる。

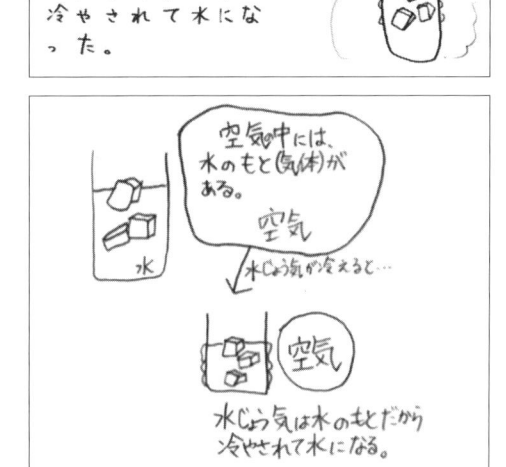

【B児のノート】

② 「十分満足」と判断できる子どもの評価例

　A児は，B児と同様，コップに付いた水は，空気中にある水蒸気が氷に冷やされて水になったと予想したが，検証実験までは思い至らなかった。A児もまた，電子てんびんを使うというヒントで，重さが増えれば中の水が出てきたものではないといえることを思いついた。

　A児の絵と考察から，水の固体，液体，気体の状態を正しく理解していることが

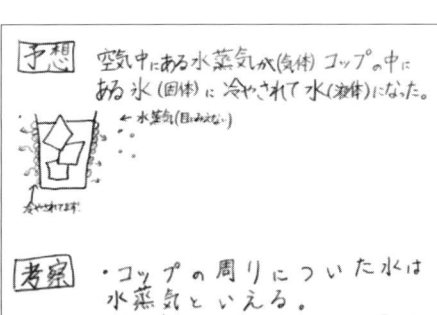

95

分かる。

また，「空気の中に水蒸気という気体がある」「水蒸気を冷やすと水になる」という記述から，結露を水の状態変化と関係付けてとらえられているといえる。

さらに，本児の「冬，室内から窓にハーッと温かい息を吹きかけると白く曇り，少しぬれる」という記述から，「コップの水」以外に身近に見られる結露を考えることができていると判断し，「十分満足できる」状態といえる。

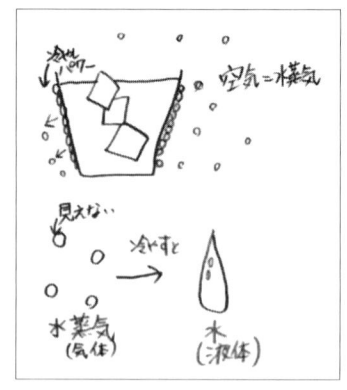

【A児のノート】

③ 「努力を要する」と判断した子どもの評価例と指導の手だて

C児は，コップの表面に付いた水は，コップの中の水が蒸発し，それが移動してコップに付いたと予想した。そして，電子てんびんで重さをはかり，重さが増えることから，コップの回りに付いた水は，コップの回りにある水蒸気が冷やされて付いたものだと確認した。

しかし，実験を行った後の記述も予想と変わらず水がコップの外を通って移動したと考えていた。記述について確認すると，C児は，水はすぐに蒸発するものだととらえていることが分かった。

そこで，実験に使ったコップにふたをして水が付かないことを確認し，「水はすぐには蒸発しない」ことを助言した。また，コップに付いた水がコップから蒸発したものであるとすれば，重さは変わらないことをもう一度確認し，空気中には目に見えない水蒸気があることをA児やB児の絵や記述を見せながら説明した。

【C児のノート】

☞ここがポイント！ 村山教科調査官メモ

本事例は，自然界の水の行方について結果から結論をまとめる場面を取り上げている。特に，身の回りの水蒸気が水滴となってコップについていることをとらえられていないC児への指導が適切である。こうした具体的な指導の手だてをいくつかもっていることが，科学的な思考・表現の力を育成する上で大切である。

第4学年　【B 生命・地球】

月と星

1 単元の目標

　天体について興味・関心をもって追究する活動を通して，月や星の動きと時間の経過とを関係付ける能力を育てるとともに，それらについての理解を図り，月や星に対する豊かな心情を育て，月や星の特徴や動きについての見方や考え方をもつことができるようにする。

2 本単元での指導と評価のポイント

(1) 長期的な観察・記録によって，より実感を伴った理解を図る

　月や星が移動していることは，これまでの生活経験の中で知っていると思われるが，実際の動き方について理解している子どもは少ない。そこで，形の異なった月や特定の星座を長期的に数回観察し，記録を集積していくことで，月や星の動き方についてより実感を伴った理解へとつなげられるようにしていく。

(2) コンピュータソフトの活用により観察を補う

　実際の観察は，月や星の出ている時間帯や位置，昼間や深夜の観察など理科の学習以外の活動になったり，天候に左右されたりして観察できない日も考えられる。そこで，その観察を補うためにコンピュータソフトを使い，月や星の一連の動きを動画で見るなどの時間も取り入れるようにする。

(3) 再現活動により自分の考えを表出させる

　ワークシートなどの平面図からでは得られない空間的な動きを，月の模型を使い再現することで，考察し得た自分の考えを表出することができる。時間の経過や月の方位，高度も意識させながら，体験的に月の軌道を確認することもできる。また，太陽の動きとの関連性にも気付かせることができる。

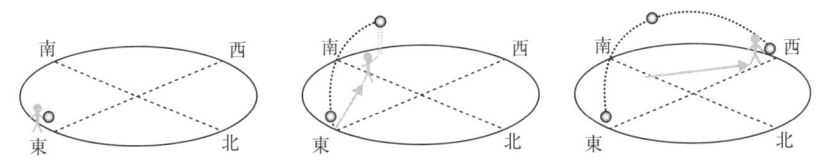

月が昇る場面から南に移動し，西に沈む一連の動きを再現する活動

3 指導と評価の計画 （全8時間）

	学習活動	評価規準
第1次 4時間	【活動のきっかけ】 ○昼間に見える月（上弦の月）を観察し，今まで見た月や月の形について話し合う。 ○月を見ていると月が動いていることから，この後の月の動きの予想や仮説を立て，ワークシートに記入する。 **問題** 月は，どのように動いているのだろうか。 ○様々な月（上弦の月や満月時期）の形や動きの観察を数回行う。（家庭との連携） ○地上の目印や方位，高度を用いて，30分ごとの月の位置を記録シートに記入する。 ○午前中に見える月の観察と長期的に観察した複数の月（上弦の月や満月など）の観察結果から，月の動きについて，時刻と関係付けて考察し，説明する。 **見方や考え方** 月は太陽と同じように，時間が経つとともに，東の方から昇り，南を通って，西の方へ沈む。	◆関心・意欲・態度① 昼間に見える月に興味をもち，月の形や月の動きについて進んで調べようとしている。 ◆思考・表現① 月の位置の変化と時間を関係付けて，予想や仮説をもち，表現している。 ◆技能① 地上の目印や方位などを使って月の位置を調べ，その過程や結果を記録している。 ◆思考・表現② 複数の月の観察から，月の位置の変化と時間を関係付けて考察し，自分の考えを表現している。 ◆知識・理解① 月は日によって形が変わって見え，1日のうちでも時刻によって位置が変わることを理解している。
第2次 4時間	【活動のきっかけ】 ○夏の大三角のはくちょう座は，今はどこにあるか話し合う。 **問題** 星座は，どのように動くのだろうか。 ○はくちょう座やカシオペヤ座などの星がどのように動いているか予想を立てる。 ○月の観察を基に，夜，家庭ではくちょう座などの星座の見える位置を観察し記録する。 ○観察してきた記録を基に，はくちょう座やカシオペヤ座などの星の特徴や星の動きについて，時刻と関係付けて考察し，説明する。 **見方や考え方** 星座は，時間が経つとともに位置が変わるが，星の並び方は変わらない。	◆関心・意欲・態度② 星の位置の変化に興味をもち，星の特徴や星の動きについて進んで調べようとしている。 ◆技能② 地上の目印や方位などを使って星の位置を調べ，その過程や結果を記録している。 ◆関心・意欲・態度③ 夜空に輝く星から自然の美しさを感じ，観察しようとしている。 ◆思考・表現③ 星の位置の変化を時間と関係付けて考察し，自分の考えを表現している。 ◆知識・理解② 星の集まりは，1日のうちでも時刻によって，並び方は変わらないが，位置が変わることを理解している。

第3章 「科学的な思考・表現」の指導と評価の実際　第4学年

4 「科学的な思考・表現」の指導と評価の実際（第1次，第3・4時）

(1) 本時の目標

複数の月の観察から，月の位置の変化と時間を関係付けて考察し，自分の考えを表現することができる。

(2) 本時の展開

主な学習活動	教師の支援◇　評価◆
【活動のきっかけ】 ○午前中に見える月（下弦の月）を観察し，これからどのように動くか予想する。 ・西の方だから，沈んでいくと思う。 ・低くなると思う。 ・沈んでいくと思う。	◇下弦の月が見える時間に学習を設定する。目印などをワークシートに描かせておく。 ◇天候が悪くできない場合は，事前に映しておいた映像を見せるなどし，学習意欲を高める。 ◇西の空にある月がどのように動くか，今までの観察結果から予想させる。
問題　月は，どのように動いているのだろうか。	
○家庭で観察した月の動きを発表させる。 ・昼間に見えた月と同じように，昇っていった。 ・南の空に向かって，動いていた。 ・東の空から南の空の方へ昇っていったよ。 ○下弦の月がどのように動いていったかを観察する。 ・さっき観察したときよりも，低くなっている。 ・予想通り，沈んでいった。 ○ワークシートに月の動き方について記述し，発表させる。 ・月も太陽のように動いている。 ・月は，東から昇って，南の空を通って，西の空に沈む。 ・どの月も，時間とともに，太陽のように動いている。 ○月の模型で，上弦の月や満月などの動きを考察したことと結び付けて動作化する。 ・月は，真上を通らずに南側よりを通り移動している。 ・月は，東の空から南の空を通って，西の方へ沈んでいく。 ○コンピュータの動画で月の動きを確認する。 ・考えた通りに動いていた。	◇観察結果を実物投影機などで映しながら発表させ，模造紙黒板に月の動きを記入する。 ◇どのように動いていたか，ワークシートに記入させる。その際，学習はじめに観察した同じ場所で観察するように注意する。 ◇月のモデルを実際に動かす活動により，月の動きを体験的に理解できるようにさせる。 ◇ワークシートに今までの観察から月の動きの様子を図に表すとともに，月の動きを方角や高度などのことも考えさせながら，記述させる。 ◆思考・表現② 複数の月の観察から，月の位置の変化と時間を関係付けて考察し，自分の考えを表現している。 〈発言分析・記録分析〉
見方や考え方　月は太陽と同じように，時間が経つとともに，東の方から昇り，南を通って，西の方へ沈む。	

(3) 指導と評価の実際 【観察結果から結論をまとめる場面】

> 　午後に見える上弦の月の観察や満月頃の月の観察を数日にわたり行わせ，月の動き方について，自分なりの考えをもつようにさせてきた。
> 　本時では，午前中に見える下弦の月を観察し，その結果と今までの結果を集約するかたちで結論を考えさせた。月が時間とともにどのように動いているのかについて，太陽と関係付け，時間や方位などの言葉を用いて，子どもが結果をどのよう考察しているかをワークシートの記述から分析する。

① 「おおむね満足」と判断できる子どもの評価例

　B児は，上弦の月を見た後，月の動きを予想させてみると，西へ動くことは理解しているが，南を通ることや高度については，やや不明確なところがあった。しかし，今回の観察の記録を見ると，月が時間とともに沈みながら西へ移動していることを観察し，予想している。観察後の考察の段階では，月は太陽と同じように東→南→西に動くことを時間の経過と関係付けて記述できている。さらに，子どもの記述から月が南に来たときに一番高くなることなど高度と結び付けて月の動き方を考察していると考えられるため，「おおむね満足」している状況と判断できる。

　D児は，今回の観察の記録を見ると，月は時間が経つにつれて沈んでいくことを予想している。また考察の記述から，太陽と関係付けて考えていることや月の高さにも着目していることを読み取ることができる。

＜観察時のワークシート＞

＜考察の段階＞

【B児のワークシート】

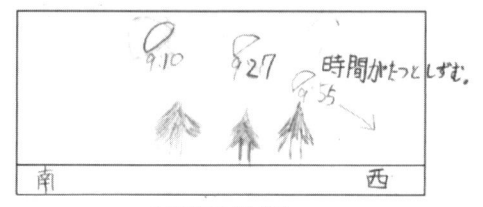

＜観察時のワークシート＞

＜考察の段階＞

【D児のワークシート】

　数日の観察から月の動きを科学的に考え，月の方位や高さなどの用語を用い，月の1日の動きを記述することができているので，「おおむね満足」している状況と判断できる。

第3章 「科学的な思考・表現」の指導と評価の実際 第4学年

② 「十分満足」と判断できる子どもの評価例

A児は，観察前には，月は西から南，そして西へ動くと方位について誤った認識をしていた。今回の観察のワークシートからは，月は，西に沈んでいくことを観察時の予想から読み取ることができる。また，考察からは，月の動き方が，時間とともに動くことや太陽と同じように動いていることのほかに，「山のような形になっている」というように月のおおよその動きをとらえ記述している。また，星の動きについても，太陽や月と関係付けて，自分の予想を記述している。さらに，月の模型を使って再現する場面では，月の昇る角度に注意しながら，その月の軌道を正しく説明することができた。

＜観察時のワークシート＞

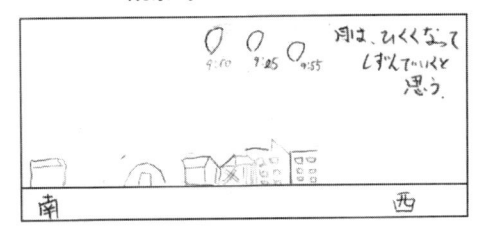

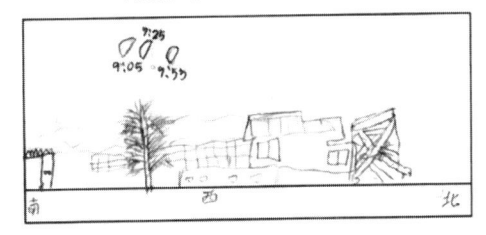

＜考察の段階＞

【A児のワークシート】

これらのことから，月の動きを方位・高さの用語を使い，時間と結び付けて説明し，さらに，星の動きに方についても記述しているので，この子どもの科学的な思考・表現は，「十分満足できる」状況であると判断することができる。

③ 「努力を要する」と判断した子どもの評価例と指導の手だて

C児は，ワークシートから月が動いていることを観察できているが，考察では，月の動きを時間と関係付けたり，太陽の動きと比べたりする記述はなく，今までの観察の結果を記述すれば考察できたと誤解していると判断した。

そこで，継続的に行ってきた月の観察結果を見直し，時間の経過とともにどのように移動しているか，太陽と関係付けて説明するように助言した。

＜観察時のワークシート＞

＜考察の段階＞

【C児のワークシート】

☞ここがポイント！ 村山教科調査官メモ

本単元では，定点観測をして，その結果を学習カードに記録することは家庭学習として取り組むことが多い。本事例のように午前中に見える下弦の月を対象に観察の方法や学習カードへの記録の仕方を指導することはとても大切なことである。

第5学年 【A 物質・エネルギー】

物の溶け方

1 単元の目標

　物の溶け方について興味・関心をもって追究する活動を通して，物が水に溶ける規則性について条件を制御して調べる能力を育てるとともに，それらについての理解を図り，物の溶け方の規則性についての見方や考え方をもつことができるようにする。

2 本単元での指導と評価のポイント

(1) 「物が水に溶ける」という現象をとらえさせる

　「水に溶けるトイレットペーパー」「○○粉を水で溶く」など，日常生活の中では「溶く・溶ける」という言葉をよく使う。そのため，子どもたちの素朴な概念として，「水に溶ける」ことを「形があるものが，水の中でバラバラになること」までも水に溶けたと考えることがある。そこで，単元の導入段階で，水に溶ける現象が顕著な物（食塩・ホウ酸），時間的変化による均質化が分かる物（食紅），水に溶けそうで溶けない物（トイレットペーパー）などを使って，粒子・均質・透明の観点から水に溶けることの理解ができるようにする。

(2) 絵図を使った思考・表現，交流の場を設定する

　水に溶けるという現象は視覚的にとらえやすいが，透明な水溶液になっている状態から，質量保存や溶ける限度などを言葉だけで説明するのはむずかしい。そこで，見えなくても物があるという「粒子」の見方を育て，自分の考えを分かりやすく説明できるようにするために，物が水に溶けている状態や水溶液に水を加えたり温めたりするなどの操作をした状態などを絵図と文章を使って思考・表現し，それらを使って交流を行うようにする。

(3) 食塩とホウ酸の比較実験を行わせる

　水に溶ける溶け方の違う食塩とホウ酸を比較しながら調べさせることにより，思考の活性化を図りながら，物が水に溶けるときの共通性（質量保存・蒸発乾固等）や差異性（水の温度による溶け方の違い等）をとらえることができるようにする。

第3章 「科学的な思考・表現」の指導と評価の実際 　第5学年

3 指導と評価の計画（全12時間）

	学習活動	評価規準
第1次 4時間	【活動のきっかけ】 ○いろいろな物を水やお湯の中に入れてかき混ぜ，様子を観察する。	◆関心・意欲・態度① 物を水に溶かし，物が溶ける現象に興味・関心をもち，自ら物の溶け方について調べようとしている。
	問題／物が水に「溶ける」とは，どういうことだろうか。	
	○前時に使ったいろいろな物をろ紙で包み，水に溶ける様子を観察する。数日経った食紅の水溶液を観察する。 ○溶かす前と溶かした後の全体の重さを調べる。 ○物が溶けるということを図と文章で表現する。	◆思考・表現① 実験結果から物が溶けることを，図と文章で表現している。 ◆知識・理解① 水溶液の定義やその意味を理解している。
	見方や考え方／水溶液の中の物は，目に見えないほどの小さな粒となって全体に広がって残る。全体の重さは，水と溶かした物の重さの和になる。	
第2次 5時間	問題／食塩やホウ酸は，水にどのくらい溶けるのだろうか。	
	○食塩やホウ酸がどのくらい溶けるか予想する。 ○変える条件と変えない条件を確かめ，実験する。	◆技能① メスシリンダーや電子てんびんを使って，安全に正確な量を測定している。
	見方や考え方／決まった量の水に溶ける物の量には限りがある。溶ける限度は，溶かす物によって違う。	
	問題／水の量を増やしたり温度を上げたりすると，溶ける物の量は増えるのだろうか。	
	○2倍の量の水に溶ける食塩とホウ酸の量を予想する。 ○変える条件と変えない条件を確かめ，実験する。 ○水の量が2倍になったとき，水に溶ける物の量が2倍になることを図と文章で表現する。 ○温度を上げると，溶ける量が増えるか予想する。 ○変える条件と変えない条件を確かめ，実験する。	◆思考・表現② 水の量を2倍に増やしたとき溶ける物の量が2倍になることについて，自分の考えを表現している。 ◆知識・理解② 水の量や温度と物が溶ける量について理解している。
	見方や考え方／水の量が増えても溶ける限度となる濃さは変わらないから，水の量を2倍に増やすと，溶ける物の量も2倍になる。水の温度を上げると水に溶ける物の量は増えるが，溶かす物によって増え方が違う。	
第3次 3時間	問題／水に溶けた食塩やホウ酸を取り出すことができるだろうか。	
	○溶け残りのある食塩水とホウ酸水をろ過する。 ○取り出す方法について話し合い，実験をする。 ○食塩やホウ酸が出てくることを図と文章で説明する。	◆思考・表現③ 食塩やホウ酸が出てくることを図と文章を使って表現している。
	見方や考え方／水溶液を冷やしたり，水溶液から水を蒸発させたりすると，水溶液に溶けている食塩やホウ酸を取り出すことができる。	

4 「科学的な思考・表現」の指導と評価の実際（第3次，第10・11時）

(1) 本時の目標
水に溶けた食塩やホウ酸を取り出す方法を考え，実験の結果から水に溶けた物が現れた理由を考え，絵図や文章で表現することができる。

(2) 本時の展開

主な学習活動	教師の支援◇　評価◆
【活動のきっかけ】 ○溶け残りのある食塩水とホウ酸の水溶液をろ過し，溶け残りの食塩とホウ酸を取り出す。	◇溶け残りのある食塩水とホウ酸の水溶液から，溶け残った食塩とホウ酸を取り出す方法としてろ過があることを知らせる。
問題 水に溶けた食塩やホウ酸を取り出すことができるだろうか。	
○食塩水とホウ酸の水溶液から，食塩とホウ酸を取り出す方法について考え，表現する。 ・水を減らす。（水を蒸発させる） ・水溶液を冷やす。 ○食塩水とホウ酸の水溶液を少量とってそれぞれ蒸発皿に入れ，加熱する。 ・食塩水は，水が蒸発すると白い物がたくさん出てきた。 ・ホウ酸の水溶液は，水が蒸発すると白い物が少し出てきた。	◇これまでの学習を振り返らせ，水を加えたり水を温めたりして，水に溶ける量を増やすことと反対の操作であることに気付かせ，考えたことを絵図と文章で表現させる。 ◇水が蒸発すると溶けた物が弾けることがあるので，安全めがねをかけさせるとともに，蒸発皿が乾いてきたら早めに加熱をやめるように指導する。
○食塩水とホウ酸の水溶液の水を蒸発させた結果を考察し，その理由を表現する。 ・食塩水とホウ酸の水溶液の水を蒸発させると，水に溶けていた食塩とホウ酸が出てくる。出てきた量の違いは，水に溶けていた量の違いである。	◇実験結果から，水溶液から食塩やホウ酸が出てきた理由を絵図と文章で表現させる。 ◆思考・表現③ 食塩やホウ酸が出てくることを絵図と文章を使って表現している。〈記述分析〉
○食塩水とホウ酸の水溶液を氷水で冷やす。 ・ホウ酸の水溶液は，しばらくすると白い物が水の中に出てきた。水の温度が下がると，白い物が増えた。 ・食塩水は，ほとんど変わらなかったが，水の温度がどんどん下がると，少しだけ白い物が見えた。	◇食塩水とホウ酸の水溶液のビーカーが入る容器にたっぷりの氷と少量の水，塩を入れ，食塩水とホウ酸の水溶液を冷やす。
○食塩水とホウ酸の水溶液を氷水で冷やした結果を考察し，その理由を表現する。 ・水の温度を上げると物が溶ける量も増える。その反対に，水の温度を下げると，物が溶ける量が減るので溶けた物が出てくる。	◇実験結果から，水溶液から食塩やホウ酸が出てきた理由を絵図と文章で表現させる。 ◆思考・表現③ 食塩やホウ酸が出てくることを絵図と文章を使って表現している。〈記述分析〉
見方や考え方 水溶液を冷やしたり，水溶液から水を蒸発させたりすると，水溶液に溶けている食塩やホウ酸を取り出すことができる。	

第3章 「科学的な思考・表現」の指導と評価の実際　第5学年

(3) 指導と評価の実際　【実験結果から結論をまとめる場面】

> ここでは、「水溶液の水を蒸発させたり冷やしたりして、水に溶けている物を取り出す」ことを、絵図を活用して視覚的に表現できるようにし、子どもが前の時間までの学習を根拠に自分の考えを分かりやすく表現できているかどうかを学習ノートから分析する。まず、水に溶けている物を取り出す方法について考えさせた後、食塩水とホウ酸の水溶液の水を蒸発させたときと冷やしたときの結果から、水に溶けた物を取り出せた理由について絵図や文章で表すことになる。

① 「おおむね満足」と判断できる子どもの評価例

　B児は、予想の段階では、水溶液を冷やすと、水に溶けている物を取り出せると考えていた。その理由は、温めると溶ける量が増えたから、冷やすと取り出せると考えたからである。しかし、友達の意見を聞いて、蒸発しても取り出せることに気付き、考えを修正した。結果や考察では、自分の予想を振り返りながら、水溶液の水を蒸発させると、水だけがなくなり溶けていた物を取り出せることを記述していた。また、冷やすということは、前の時間の温めて溶ける量が増えたことと反対で、水に溶ける量が減るだろうということを理由に科学的に考察し、考えを記述することができているので、「おおむね満足」している状況であると判断できる。

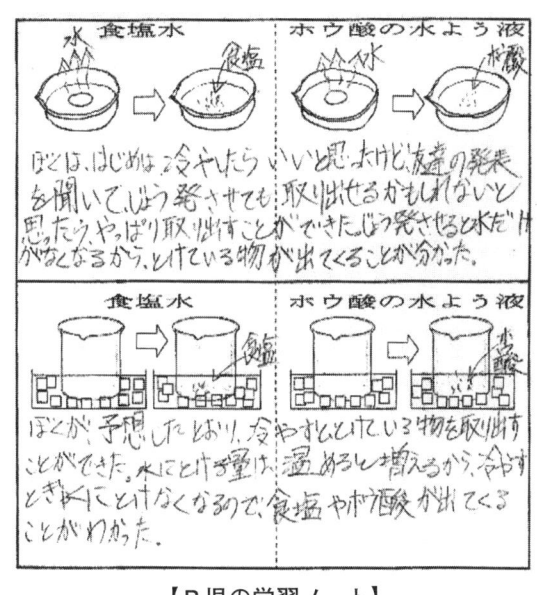

【B児の学習ノート】

② 「十分満足」と判断できる子どもの評価例

　A児は、予想の段階では、水溶液の水を蒸発させると溶けている物を取り出すことができると考えていた。理由は、水は蒸発してなくなっても、溶けている物はなくならないと考えたからである。交流で、友達の冷やすという意見を聞くと、「ホウ酸は、水の温度が上がると溶ける量が増えたから、その反対に冷やしても取り出せるかもしれな

い」という考えをもった。結果の考察では，固体の量に着目し，蒸発させたときに食塩がたくさん出てきたことやホウ酸が少ししか出てきていないことを水に溶けている量と関係付けて考えを記述している。

また同様に，冷やしたときに出てきた固体の量の違いを，温度による溶け方の違いと関係付けて考えを記述することができている。これまで学習した内容と関係付けて説明していることから，「十分満足できる」状況であると判断した。

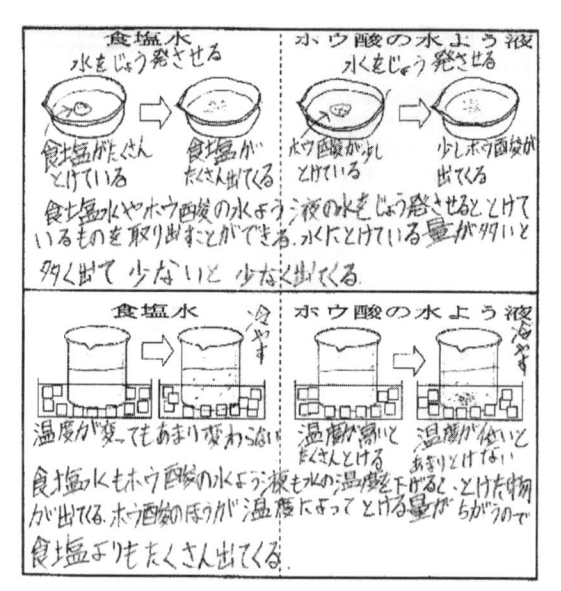

【A児の学習ノート】

③ 「努力を要する」と判断した子どもの評価例と指導の手だて

C児は，予想段階では，友達の意見を聞いて蒸発したら水に溶けた物を取り出すことができるだろうと予想をもつことができた。結果や考察では，観察したことを図に描くことができていたが，曖昧なものであった。また，文章での説明には，実験したこととその結果のみを記述したものであった。これは，注意深く観察できていないことや結果からその理由をこれまでの学習と関係付けることができていないことに原因があると判断した。

そこで，水の量や温度と物の溶け方について振り返らせ，結果を導き出した理由を説明に加えるよう助言した。

☞ここがポイント！ 村山教科調査官メモ

　本事例は，溶けている物の取り出しについて結果から結論をまとめる場面を取り上げている。自分が立てた予想を確かめる実験を企画することは，理科特有の学びであり，第5学年という学年の段階を考慮すると積極的に取り入れていきたいものである。

第5学年 【A 物質・エネルギー】

振り子の運動

1 単元の目標

振り子の運動の規則性について興味・関心をもって追究する活動を通して，振り子の運動の規則性について条件を制御して調べる能力を育てるとともに，それらについての理解を図り，振り子の運動の規則性についての見方や考え方をもつことができるようにする。

2 本単元での指導と評価のポイント

(1) おもりの動きだけを見せるブラックボックスで実験計画を立てる

子どもに見える部分は，振り子のおもりの動きの下方部（右図）である。子どもは「あれ？ 見えるタイミングが違うぞ」と，動きに着目した疑問をもつ。その後ボックスの中を見て，「糸の長さ」「振れ幅」「おもりの重さ」の3つがそれぞれ違っていることに気付き，条件を整理した実験への必要感をもつ。

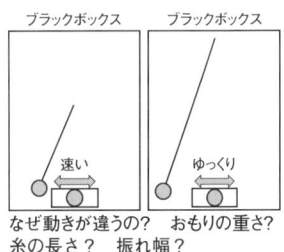

(2) 糸の長さは25cmがベストである

振り子の規則性への驚きや自然の不思議さは，糸の長さの中にある。糸の長さをそろえる場合，25cmが適当であると考える。なぜなら，振り子が一往復する時間は $(T) = 2 \times \sqrt{L}$（L＝糸の長さ）なのでちょうど1秒になり，糸の長さを2倍にしても一往復する時間は2倍にならない不思議さを感じることができるからである。

(3) 見つけたきまりを使った再実証活動を位置付ける

実験して結果を出し合いきまりを見つける活動だけではなく，それが本当にいつも当てはまるのかの検証が大切である。例えば，もっと小さな振れ幅や，もっととてつもなく重いおもり，初めの糸の長さの十数倍の長さといった，子どもたちを揺さぶる疑問を投げかけ，きまりをしっかりと実感する再実証を位置付ける。

3 指導と評価の計画（全4時間）

	学習活動	評価規準
第1次 1時間	【活動のきっかけ】 ○一部しか見えないようにした2つのブラックボックスのおもりの動きを観察する。 **問題** なぜ2つのおもりの動きが違うのだろうか。 ○ブラックボックスの中を見て，おもりの動きの変化の要因として考えられることを取り出す。 ○糸の長さ，振れ幅，おもりの重さの3つの条件から，変える条件と変えない条件を整理して，実験計画を立てる。 **見方や考え方** おもりの重さ，振れ幅，糸の長さのどれかが関係している。	◆関心・意欲・態度① 2つのおもりの動きの違いに興味・関心をもち，要因を調べようとしている。 ◆思考・表現① おもりの重さ，糸の長さ，振れ幅の条件を見いだし，変える条件と変えない条件を明らかにして実験計画を立てている。
第2次 3時間	**問題** おもりの1往復する時間は振れ幅に関係しているのだろうか。 ○糸の長さを25cm，おもりの重さを50g，振れ幅を15°と30°と条件を変え，1往復する時間を調べる。 **見方や考え方** 振れ幅が大きくても小さくても，振り子が1往復する時間は変化しない。 **問題** おもりの1往復する時間は，糸の長さに関係しているのだろうか。 ○振れ幅を30°，おもりの重さを50g，糸の長さを25cm，50cmと条件を変えて1往復する時間を調べる。 **見方や考え方** 振り子の糸の長さが長いと1往復する時間は長くなり，糸の長さが短いと1往復する時間は短くなる。 **問題** おもりの1往復する時間はおもりの重さに関係しているのだろうか。 ○糸の長さを25cm，振れ幅を30°，おもりの重さを50gと100gと条件を変えて1往復する時間を調べる。 ○3つの実験結果から振り子が1往復する時間に関係する要因を明らかにする。 **見方や考え方** 振り子のおもりの重さが重くても，振り子が1往復する時間は変化しない。	◆思考・表現② 振り子が1往復する時間について，振れ幅を変えて自ら行った実験の結果と予想を照らし合わせて考察し，自分の考えを表現している。 ◆技能① 振れ幅，おもりの重さは変えずに，糸の長さだけを変えて結果を記録している。 ◆思考・表現③ 実験の結果と予想や仮説を照らし合わせて考察し，振り子の動きの規則性を見いだしている。 ◆知識・理解① 糸の長さが長くなると振り子の1往復する時間は長くなり，糸の長さが短いと1往復する時間も短くなることを理解している。

第3章 「科学的な思考・表現」の指導と評価の実際　第5学年

4 「科学的な思考・表現」の指導と評価の実際 （第2次, 第2時）

(1) 本時の目標

振り子が1往復する時間について, 振れ幅を変えて調べ, 実験の結果と予想や仮説を照らし合わせて考察し, 表現することができる。

(2) 本時の展開

主な学習活動	教師の支援◇　評価◆
【活動のきっかけ】 ○前時の学習でのブラックボックスをもう一度観察し, 条件を整理するとともに, 振れ幅に焦点化して調べることを確認する。	◇2つの振り子を提示し, 振れ幅を変えることを実演して, 実験の見通しをもたせるようにする。

問題　おもりの1往復する時間は振れ幅に関係しているのだろうか。

○振り子の振れ幅15°のときと30°のときの1往復する時間を予想し, 発表する。 ・15°のときの方が早くなるんじゃないかな。だって, 距離が短くなるから。 ○1往復の時間を測るために, 10往復の時間を5回測って平均を出す方法を知る。 ○糸の長さは25cm, おもりの重さ50gとし, 振れ幅を15°のときと30°のときで実験し, 結果を記録する。 ・15°のときは, 1往復する時間が約1秒だった。30°のときも約1秒だった。 ○結果を出し合うとともに, 15°のときと30°のときでは振り子のおもりが動く距離は明らかに違うのに, なぜ, 1往復する時間が同じなのかを考察する。 ・どの班も, 振れ幅が15°のときと30°のときの振り子が1往復する時間は同じだった。 ・15°と30°では, 動く距離が2倍になっている。同じになるということは, 30°のときの方が速く動いているんじゃないかな。 ○もう一度15°のときと30°のときの動く速さを確かめるとともに, もっと小さな振れ幅 (5°) の場合を予想して動きと時間で実験してみる。 ・振れ幅が小さいと動きも遅くなって結果として1往復する時間は同じになる。	◇15°の振れ幅と30°の振れ幅のときの動く距離の違いを紙テープで表し, 視覚的に動く距離の違いを明らかにして予想を立てさせるようにする。 ◇1往復の時間を測定するために, 平均の考えと小数第一位までを扱うことを指導する。また, 糸の長さは, おもりの中心から支点までであることも指導する。 ◇結果を表に記録させて, 自分の考えを出させるようにする。また, 動く速さにも着目させて, 繰り返し実験ができるようにする。 ◇実験結果を基に, さらに小さな振れ幅の場合を提示し, 1往復する時間とそのときのおもりの動く速さを予想させ実験してみる。 ◆思考・表現② 　振り子が1往復する時間について, 振れ幅を変えて自ら行った実験の結果と予想を照らし合わせて考察し, 自分の考えを表現している。〈記録分析〉

見方や考え方　振り子の振れ幅が大きくても小さくても, 振り子が1往復する時間は変化しない。

（3）指導と評価の実際　【実験結果から結論をまとめる場面】

> 　ここでは，「振り子が1往復する時間は振り子の振れ幅を変えても変化しないこと」を，実験結果を表にして考察したり，同じになる理由を振り子のおもりが動く距離とおもりの速さで説明したり，振れ幅をさらに小さくしたりしてもう一度検証する。
> 　その際，見いだした振り子のきまりを実感できたかについて，ワークシートの記述から分析する。実験前に予想をかかせた後，平均の考え方を使って繰り返し実験し，振り子のきまりを見いだす。子どもは，本実験から得た実験データを基に，予想の段階での考えを見直すことになる。

① 「おおむね満足」と判断できる子どもの評価例

　B児は，予想の段階では，振れ幅が15°のときの方が振れ幅30°のときよりも1往復する時間が短くなると考えていた。ところが，実際に10往復分を5回測定して平均をした結果は，30°も15°も1往復する時間は約1秒であった。B児の考察にあるように，そのデータをもとになぜ動く距離が違うのに同じ時間で1往復するのかを，おもりの動く速さの違いと関係付けて，理由を記述できているので，「おおむね満足」していると判断できる。

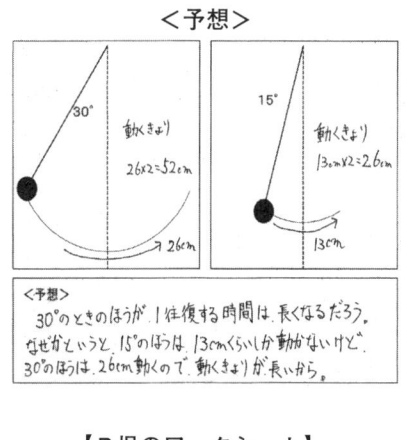

【B児のワークシート】

② 「十分満足」と判断できる子どもの評価例

　A児は，B児と同じように，予想の段階では，振れ幅が15°のときの方が振れ幅30°のときよりも1往復する時間が短くなると考えていた。理由は，30°のときの振り子のおもりが動く距離は72cm，15°のときは36cmになるので，距離に違いがあるからだ。しかし，A児の考察に見られるように，実験結果から同じであることが分かり，その理由も動く

速さに着目している。

B児との違いは，一番下を通過するときの速さが違っていることを30°は15°のときよりも高い位置にあるのでその分だけ勢いがついて速くなっているという位置エネルギーと運動エネルギーの関係の素地に着目していることである。

振り子の1往復する時間は，振れ幅に関係ない。その理由は，振れ幅が小さいと距離は短くなるけど，おもりの速さは遅くなるからである。これをとらえることができるのが「おおむね満足」である。

【A児のワークシート】

さらに，なぜおもりの速さが速くなるのかをおもりの高さにまで着目して考えをもつことができた場合を，「十分満足できる」状況であると判断した。

③ 「努力を要する」と判断した子どもの評価例と指導の手だて

C児は，「努力を要する」状況と判断した。C児の考察に見られるように，結果から1往復する時間は，振れ幅には関係がないことはとらえることができている。しかし，それがなぜそうなるのか理由を明確に書くことができていない。結果だけをとらえてそれを説明するための現象を関係付けてとらえることができていないからだ。そこで，5°のときの振れ幅を提示したときに，30°や15°のときと比べて1往復する時間はどうなるか，そのときに動く速さはどんな違いがあるかに着目する助言をして，実験させるようにした。

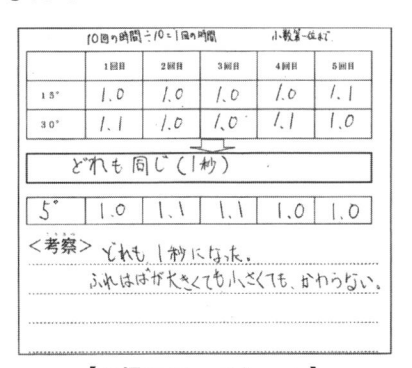

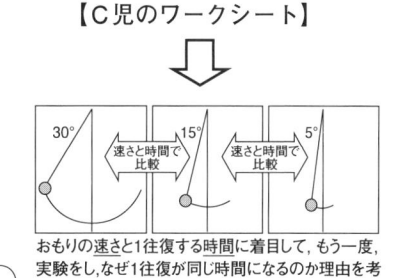

【C児のワークシート】

おもりの速さと1往復する時間に着目して，もう一度，実験をし，なぜ1往復が同じ時間になるのか理由を考えさせる。

👉ここがポイント！ 村山教科調査官メモ

本事例は，振り子の運動と振れ幅の関係について結果から結論をまとめる場面を取り上げている。実験では，データの信憑性を高めるために複数回実験することが望ましい。理科は，データを読んだり，データをつくったりする特徴をもつ教科だからである。

第5学年 【A 物質・エネルギー】

電流の働き

1 単元の目標

電磁石の導線に電流を流し，電磁石の強さの変化について興味・関心をもって追究する活動を通して，電流の働きについて条件を制御して調べる能力を育てるとともに，それらについての理解を図り，電流の働きについての見方や考え方をもつことができるようにする。

2 本単元での指導と評価のポイント

(1) 思考する上で鍵となる内容を整理しておく

「コイルに鉄心を入れ電流を流すと鉄心が磁石になる」という現象を子どもたちに示すだけでは，電磁石の強さを変える要因を予想する際の根拠はもちにくい。特に，「コイルの巻き数」という要因については，感覚的なものになってしまう。

本単元において，子どもが思考する上で鍵となることは，「1本の導線に電流を流すと磁力が生じる」ということである。このことを示しておくことで，「電流を流すと磁力が生じるのだから，電流を強くすれば磁力も増す」「1本の導線に電流を流すだけでも磁力が生じるのだから，導線を集めると磁力が増す」というように，磁力を変化させる要因を根拠をもって予想し，追究することができるようになる。

(2) 実験結果を表にまとめ，結果の傾向から考察させる

電磁石を強くする要因を確かめる実験では，コイルの巻き方やクリップ等の付け方によって結果にばらつきが生じる。そこで，最低3試行の結果を表にまとめ，その傾向を整理した上で考察させることが必要になる。そして，ここでの考察を基に，「さらに電磁石を強くするためには」と問い，方法を推論させることで考えを深めていきたい。

(3) 日常生活との関連付けやエピソードとなる体験を設定する

「エネルギーの変換」についての見方や概念を深めるためには，身の回りで様々な電磁石が利用されていることを調べたり，電磁石に子どもがぶら下がるなどの記憶に残るような体験を行ったりする活動を単元に位置付けることが大切である。

第3章 「科学的な思考・表現」の指導と評価の実際　第5学年

3 指導と評価の計画（全10時間）

	学習活動	評価規準
第1次 3時間	【活動のきっかけ】 ○1本の導線に電流を流し，導線の周りに磁力が生じている様子を観察する。 **問題** 電磁石には，どのような性質があるのだろうか。 ○コイル，電磁石などの用語を知り，電磁石をつくる。 ○つくった電磁石の性質について，永久磁石と比較しながら調べる。 **見方や考え方** コイルに鉄心を入れて電流を流すと，鉄心は磁石になる。電流の向きを変えると，電磁石の極が変わる。	◆関心・意欲・態度① 導線に電流を流すと磁力が生じる現象に興味・関心をもち，自ら電磁石の性質を調べようとしている。 ◆思考・表現① 電流の向きと電磁石の極の変化を関係付けて考察し，電磁石の性質について自分の考えを表現している。
第2次 4時間	**問題** 電磁石の強さを強くするためにはどうしたらよいのだろうか。 ○電磁石の強さを強くする要因について予想する。 ○要因を調べる方法について話し合う。 ○電流の強さと電磁石の強さの関係について調べる。 ○コイルの巻き数と電磁石の強さの関係について調べる。 ○電磁石の強さを強くするための方法について話し合う。 **見方や考え方** 電磁石の強さは，電流の強さや導線の巻き数によって変わる。	◆技能① 電磁石の強さを変える要因を調べ，その過程や結果を記録している。 ◆思考・表現② 電磁石の強さを，電流の強さや導線の巻き数と関係付けて考察し，自分の予想とつないで考えを表現している。
第3次 3時間	【活動のきっかけ】 ○身近にある電磁石を用いた製品やおもちゃを見たり使ったりする。 **問題** 電磁石の働きを利用して，どんなものがつくれるだろうか。 ○電磁石の性質を利用したものづくりの計画を行う。 ○電磁石の性質を利用したものづくりを行う。 ○作ったものを紹介し，これまでに学んだ電磁石の性質について振り返る。 **見方や考え方** 身の回りには電磁石の性質や働きを利用した便利なものがある。	◆関心・意欲・態度② 身の回りにある電磁石を利用した製品について興味・関心をもち，自ら電磁石を利用したものづくりに取り組もうとしている。 ◆技能② 活用したい電磁石の性質を明確にし，計画に沿ってものづくりを行っている。 ◆思考・表現③ 電磁石の性質や働きがどのように利用できるかを考え，工夫しながらものづくりを行っている。

4 「科学的な思考・表現」の指導と評価の実際 （第2次，第6時）

(1) 本時の目標
コイルの巻き数と電磁石の強さの関係を調べ，実験の結果と予想を照らし合わせて考察し，自分の考えを表現することができる。

(2) 本時の展開

主な学習活動	教師の支援◇　評価◆
【活動のきっかけ】 ○前時に行った，電磁石の強さと電流の大きさの関係について調べた結果を振り返る。 ・電流を大きくすると電磁石の強さは強くなる。	◇前時までの学習の様子と結果を掲示しておき，本時学習の見通しがもてるようにしておく。

> 問題　コイルの巻き数を多くすると電磁石の強さは強くなるのだろうか。

主な学習活動	教師の支援◇　評価◆
○コイルの巻き数を多くすると電磁石の強さが強くなるのか予想し，発表する。 ・一本の導線に電流を流しただけで磁力が生じるのだから，導線を集めると電磁石の強さは強くなる。 ・たくさん巻くと電磁石が大きくなるから，電磁石の強さも強くなると思う。 ○予想を確かめる方法について話し合う。 ・この実験で変えるのはコイルの巻き数だけにしないといけない。（条件統制） ○結果の整理の仕方について話し合う。 ・クリップをつける試行数を巻き数ごとに最低3回は行い，前時と同じように平均をとってその傾向をとらえる。 ○50回巻き，100回巻き，200回巻きのコイルとクリップを使って，班ごとに電磁石の強さを調べる。 ・コイルの巻き数が増すと，電磁石は強くなる。 ○各班の実験結果を黒板の表に記入し，結果について話し合う。 ・巻き数を2倍にすると電磁石の強さも2倍になるとは言えないが，強くなるのは間違いない。 ・400回巻きになるともっと強くなると思う。 ○乾電池1つで子どもがぶら下がれる電磁石を用いて，実際にぶら下がる体験をする。 ・電磁石は電池1個でもすごい力を出せる。	◇導線に電流を流すと磁力が生じることを掲示物等で振り返りながら予想させるようにする。 ◇予想をするのがむずかしい子どもについては，友達の予想を基に考えさせる。 ◇余った導線は切らずにとっておき，導線の長さを変えないようにすることを確認する。 ◇実験方法が視覚的にとらえられるように，黒板に実験の図を掲示する。 ◇結果を整理する方法が理解できていない子どもには，前時の整理の仕方を参照させる。 ◇平均の求め方を黒板に示しておく。 ◇前時と同様に，クリップのつけ方によって結果が著しく変わることがあるので，クリップのつけ方を変えないように助言する。 ◇班ごとの実験結果にばらつきがあるときには，コイルの巻き数と電磁石についたクリップの数をグラフに表し，その傾向が見えるようにする。 ◆思考・表現② コイルの巻き数と電磁石の強さの関係について実験の結果と予想を照らし合わせて考察し，自分の考えを表現している。 〈発言分析・記録分析〉

> 見方や考え方　コイルの巻き数を多くすると，電磁石の強さは強くなる。

(3) 指導と評価の実際 【実験結果を基に,予想と照らし合わせて考察する場面】

> ここでは,「コイルの巻き数と電磁石の強さの関係」について,実験によって導き出した結果を表に整理できるようにし,その記録を基に,子どもが科学的に思考し,自分の考えを分かりやすく表現できているかどうかをノートの記述や発言から分析する。まず,ノートに絵や言葉を用いて予想を記述させた後,コイルの巻き数のみが違う電磁石を用いて,それぞれの電磁石にクリップが何個つくかを確かめる実験を行い,結果を表にまとめさせる。その後,子どもは,本実験によって得られたデータを基に,自分の予想と照らし合わせながら考察をすることになる。

① 「おおむね満足」と判断できる子どもの評価例

B児は,予想の段階で,「コイルをたくさん巻くと電磁石が大きくなるので磁石のパワーがふえると思う」という予想をしている。一見すると感覚的な予想にとどまっているように見えるが,これは電磁石をつくりながら抱いた期待感やこれまでの経験で培われた「大きい=強い」といった子どもの素朴な考え方の表出であり,大切にしたい予想である。また,B児は,実験の結果,コイルの巻き数が多くなると電磁石につくクリップの数が多くなることから,「コイルの巻き数が増えれば増えるほど,電磁石の強さもだんだん強くなる」というように,コイルの巻き数と電磁石の強さの関係を,伴って変わる関係として考察し,表現できているので,科学的な思考・表現の評価規準に対して「おおむね満足」と判断できる。

<予想>

コイルをたくさん巻くと電磁石が大きくなるので磁石のパワーがふえると思う.

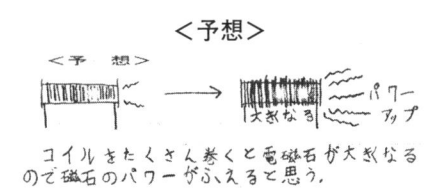

<実験後の考察>

<結果>

巻き数	1回目 クリップの数	2回目 クリップの数	3回目 クリップの数	平均
コイル 50回巻き	6こ	6こ	7こ	6.3こ
コイル 100回巻き	11こ	12こ	11こ	11.3こ
コイル 200回巻き	21こ	20こ	19こ	20こ

<考察>
コイルの巻き数がふえればふえるほど電磁石の強さもだんだん強くなる.

【B児の学習ノート】

② 「十分満足」と判断できる子どもの評価例

A児は,予想の段階で,「一本の導線に電流を流すだけで磁力が生じるのだから,導線を集めるともっと強い力になると思う」というように,導線に電流を流すと磁力が生じるという現象を基に予想を立てることができている。また,実験後の考察では,コイルの巻き数と電磁石の強さの関係を自分の予想と照らし合わせながら考察することがで

きている。さらに，表に記しているコイルの巻き数とクリップの数の変化の割合にも目を向けたり，友達の予想に対して反証的に考察したりしている。このような記述から，科学的な思考・表現は，「十分満足できる」状況であると判断できる。

③ 「努力を要する」と判断した子どもの評価例と指導の手だて

C児は，予想の段階で，「コイルの巻き数を増やすと電磁石の力は大きくなる」と表現しているが，その根拠は記述できていない。また，実験の結果を表に記入することはできているが，その関係性には目が向いておらず，考察にコイルの巻き数と電磁石についたクリップの数についての記述しかなされていない。このことから，C児は結果と考察の違いに気が付いていないことが判断できる。そこで，「結果は目に見えること」「考察は目で見た結果を基に頭で考えたこと」という違いについて確認を行った。

そして，クリップの数が何を表しているのか考えさせた上で，コイルの巻き数とクリップの数の変化に着目させ，コイルの巻き数と電磁石の強さの関係について記述するように助言した。

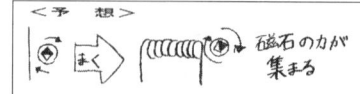

<予想>

【A児の学習ノート】

<予想>

【C児の学習ノート】

👉 ここがポイント！ 村山教科調査官メモ

本事例は，コイルの巻き数と電磁石の強さの関係について結果から結論をまとめる場面を取り上げている。本単元においては，条件制御に着目した実験を企画し，それを的確に実施し，自他の考えの妥当性を証明していくことがポイントである。

第5学年　【B 生命・地球】

植物の発芽，成長，結実

1 単元の目標

植物の発芽，成長及び結実の様子について興味・関心をもって追究する活動を通して，植物の発芽や成長，受粉と結実が関係していることについて条件を制御して調べる能力を育てるとともに，それらについての理解を図り，生命を尊重する態度を育て，植物の発芽，成長及び結実とその条件についての見方や考え方をもつことができるようにする。

2 本単元での指導と評価のポイント

(1) 根拠をもった予想を立てさせる

ただ，何となくそう思うという予想では実験の目的意識も薄くなってしまう。実験の意味を大切にするためにも，これまでの学習内容や自分の生活経験に根ざした根拠に基づく予想を子どもから引き出したい。その積み重ねによって，観察・実験を通して分かったことを今後の学習や実生活にも生かしていけるようになると考える。

(2) 条件制御を行う

これまでの理科の学習では，2種類の植物などを比較したり，空気，水，金属など3つを関係付けて考えたりしながら主に実験結果を考察する能力に重点を置いて行ってきている。

5年生では，条件に目を向けながら調べる能力を高めることが必要となる。条件を制御するということはこれまでの結果の考察場面で用いる能力とは違う。それは，自分の予想を確かめるために，実験をどのように整えるとより明確な結果が得られるのかという，実験方法を考える場面で必要な能力である。本単元では発芽，成長，結実のそれぞれの条件を制御しながら観察，実験を行う。

その際に，子どもは自分が調べたい要素を決め，その他の条件をどのように整えるか考える。単純に2つを比べる実験方法は簡単に思い付くが，変えない条件を決めないと正確に比較することができないことに気付き，自ら条件を制御して実験を考えられるように授業を展開し，評価していくことが大切である。

3 指導と評価の計画（全26時間）

	学習活動	評価規準
第1次 4時間	【活動のきっかけ】 ○学級での栽培活動の発展として，種子からインゲンマメを育てることを提案する。 **問題** インゲンマメの種子を確実に発芽させるにはどんな条件が必要なのだろうか。 ○植物の発芽に必要な条件について，既有の知識や生活経験を基に予想する。 ○発芽の条件を調べる実験を計画する。 ○調べた結果から，分かったことを話し合う。 **見方や考え方** 種子が発芽するには，適当な温度と水，空気が必要である。	◆関心・意欲・態度① 植物の発芽の様子に興味・関心をもち，自らそれらの変化にかかわる条件を調べようとしている。 ◆思考・表現① 実験結果と予想を比較し，植物の発芽の過程とその変化にかかわる条件を関係付けて考察し，自分の考えを表現している。
第2次 3時間	【活動のきっかけ】 ○発芽してしばらくたったインゲンマメの様子を観察し，種子の働きについて話し合う。 **問題** 種子の中に養分はあるのだろうか。 ○発芽するときの種子の働きについて予想や仮説をもち，発芽前後の種子の養分について調べる。 ○観察結果を基に，分かったことを話し合う。 **見方や考え方** 植物は，種子の中の養分を基にして発芽する。	◆技能① 種子に含まれている養分を，ヨウ素液などを適切に使って観察している。 ◆知識・理解① 植物は，種子の中の養分を基にして発芽することを理解している。
第3次 6時間	【活動のきっかけ】 ○植物が丈夫に育つために必要な条件について，既有の知識や生活経験を基に話し合う。 **問題** インゲンマメが丈夫に育つためには，どんな条件が必要なのだろうか。 ○植物の成長に必要な条件について予想を立てる。 ○変える条件，変えない条件について話し合い，実験方法を考え，実験を行う。 ○実験結果を基に分かったことについて話し合う。 **見方や考え方** 植物が成長するには日光が必要である。植物が丈夫に育つためには肥料が必要である。	◆関心・意欲・態度② 発芽した植物が大きく育つための条件について興味・関心をもち，今までの生活や学習経験を生かして調べようとしている。 ◆思考・表現② 植物の成長に日光や肥料が必要かを生活経験を基に予想をもち，条件に着目して実験計画を立てている。 ◆技能② 条件制御して計画的に実験を進め，その過程と結果を図や表などを用いて分かりやすく記録している。 ◆知識・理解② 植物の成長には，日光や肥料が関係していることを理解している。

第4次 7時間	【活動のきっかけ】 ○育ててきたヘチマやアサガオの花を観察する。	◆関心・意欲・態度③ 植物の結実の様子に興味・関心をもち，自らそれらの変化にかかわる条件を調べようとしている。
	問題 ヘチマやアサガオの花はどのようなつくりになっているのだろうか。	
	○身近に咲いている植物の花のつくりについて予想や仮説をもつ。 ○身近な植物について，おしべやめしべなどの花のつくりを調べる。 ○調べた結果から，分かったことを話し合い，植物の花のつくりについてまとめる。	◆思考・表現③ 結実について，雄花と雌花の違いに着目し，予想や仮説をもち，観察の計画をしている。 ◆知識・理解③ 花にはおしべとめしべがあることを理解している。
	見方や考え方 花にはおしべとめしべ，花びら，がくなどがあり，おしべの先には花粉がある。	
第5次 6時間	【活動のきっかけ】 ○前時までに観察した花粉の映像を見て，花粉の働きについて予想や仮説をもつ。	
	問題 花粉はどのような働きをしているのだろうか。	
	○予想や仮説をもつ。 ○花粉の働きを調べる方法を考える。 ○ヘチマを用いて，花粉をめしべにつける場合とそうでない場合を比較し，必要な条件を調べる。 ○観察結果を基に，分かったことについて話し合う。 ○まとめをする。	◆技能③ 顕微鏡を正しく操作し，花粉を観察し，花のつくりや花粉などについて記録している。 ◆思考・表現④ 花粉がつく場合とつかない場合の実のでき方を調べる方法を計画している。 ◆技能④ 花粉がつく場合とつかない場合の実のでき方について，実験の過程や結果を比較して記録している。 ◆思考・表現⑤ 実験の結果から，植物の結実とその変化にかかわる条件を関係付けて考察し，自分の考えを表現している。 ◆知識・理解④ 花にはおしべとめしべがあり，花粉がめしべの先につくとめしべのもとが実になり，実の中に種子ができることを理解している。
	見方や考え方 花粉がめしべの先につくと，めしべのもとが実になり，実の中に種子ができる。	

4 「科学的な思考・表現」の指導と評価の実際 （第１次，第２時）

(1) 本時の目標
　種子が発芽するためには，水や光，空気，肥料，適当な温度が必要かどうかを確かめる方法について，条件制御を基に考え，実験計画を立てることができる。

(2) 本時の展開

主な学習活動	教師の支援◇　　評価◆
【活動のきっかけ】 ○インゲンマメを発芽させるために必要な条件について話し合う。	

| 問題 | 種子が発芽するためには，どんな条件が必要だろうか。 |

○種子の発芽に必要な条件を考え，予想や仮説を立て，発表する。 ・アサガオでも何でも水やりをしないと芽が出ないから，水が必要だと思う。 ・お日さまに当たらないと元気に育たないと思うから，光が必要だと思う。 ・栄養がないと芽が出ないと思う。 ○種子の発芽に，水や光，空気，肥料，適当な温度が必要かどうか，各自の予想を確かめる実験方法を考えてノートに表し，それを基に実験装置をつくる。 ・**水が必要**：水を与える条件と与えない条件で育てればいい。水を与えると発芽して，水を与えないと発芽しないと思う。 ・**光が必要**：光が当たるベランダと，箱の中に入れて，真っ暗にして育てる条件を比べれば分かる。光が当たると発芽して，真っ暗だと発芽しないと思う。 ・**肥料が必要**：肥料を与える条件と肥料を与えない条件で育てたい。そうすれば，発芽に肥料が必要かどうか分かる。 ・**空気が必要**：空気が必要かどうかは，普通に育てるのと，空気をなくした条件で比べると分かる。空気をなくすために，箱の中を真空パックみたいにしたいな。でもどうやって作ろうかな。 ・**適当な温度が必要**：ベランダに置いておくのと，暑いところ，それと冷たいところに置いて実験したいな。氷で冷やそうかな。冷蔵庫に入れて実験すれば比べられるな。	◇子ども一人一人が実験装置を作ることができるよう，前回行った実験（『発芽に土が必要かどうか』）で使用したものを準備しておく。 ◇調べる目的は明確だが，それを確かめる実験方法が思い浮かばない子どもがいた場合には，実験方法を発表する際に，友達に投げかけるとよいことを助言する。 ◇子ども一人一人の実験方法が条件制御された方法であるかどうか，また，子どもがそれを意識しているかどうか，授業中，幕間の時間を利用して個別に確認する。条件制御の仕方が分からない場合は，どうすれば調べたい条件の結果だけはっきり分かるか考えさせ，他の条件は同じにしておくよう助言する。 ◇子どもが自分の考えを述べる際に，自らの考えを効果的に相手に伝えることができるように，根拠となる実際の実験方法を大型ディスプレイで提示するよう助言する。 ◆思考・表現① 水や空気，光，肥料，適当な温度について生活経験を基に予想をもち，条件に着目して実験計画を立てている。 〈発言・記述分析〉 ◇次に調べたいことについて見通しをもち，次時への意欲をもてるようにする。

第3章 「科学的な思考・表現」の指導と評価の実際　第5学年

(3) 指導と評価の実際 【予想や仮説をもつ場面】

> ここでは，「インゲンマメの発芽の条件」を予想し，実験方法を考える場面で評価をする。予想では，生活経験や既習の知識を基に，インゲンマメの発芽の条件を予想できたかを見とる。この場合ではこれまでの栽培経験を想起しながら予想を立てることを期待した。
>
> その後，子どもは，自分の予想や仮説を確かめるためにどのような実験を行えばよいか，実験方法を考える。子どもが考えた実験方法が条件制御の考え方を基に，変える条件とそろえる条件を分けた実験方法になっているかをノートで見とる。

① 「おおむね満足」と判断できる子どもの評価例

B児は水をあげるとよいと予想を立てている。予想した理由は栽培した経験からのものではないが，自分が生活していて人間も植物も同様だと考え，生きていくのに必要不可欠な水は発芽に必要だと予想している。この予想は根拠をしっかりともてていると評価することができる。

また，実験方法については水を入れる場合と入れない場合で分けて考えることができている。実験結果を比較すると水が必要な条件なのか判断できるので，条件に着目して実験の計画を立てることができると考えられる。

以上2つの観点から「おおむね満足できる」と判断することができる。

> 予想　水が必要
> 人間も植物も水がないといきていけないと思う。だから水は種が発芽するのに必要な条件だと思う。
>
> 実験方法
> 種を水につけたときと水をつけないときに分けて考える。水を入れたほうが発芽して，水を入れていない方は発芽しなかったら，種の発芽に水が必要だといえる。

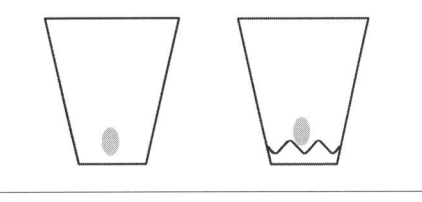

【B児の記述】

② 「十分満足」と判断できる子どもの評価例

A児は，「前にアサガオを育てたときに種を植えて水をあげたから」と以前行った植物の栽培の経験を思い出して予想を立て，生活経験や既習の学習を基に予想を立てることができている。また，実験の条件は水を与える場合と水を与えない場合で分けることも考えることができている。さらに，種を置く位置は同じにしなければならないことや，光や温度の条件などは変えないことにも触れられている。調べたい条件に絞り，その他の条件をそろえることで実験結果をより明確に比較しようとする考えは高く評価できる。

根拠をもって予想を立て，予想を確かめるために条件制御に着目して実験方法を考えることができているので，「十分満足」と評価した。

> 予想
> 水が必要
> 前に朝顔を育てたときに種を植えて水をあげたから発芽にも水が必要だと思う。
>
> 実験方法
> 変える条件：水
> 種を水につけた場合とそうでない場合に分けて，2種類育てる。
> 変えない条件：空気，光，温度，肥料
> 実験する場所の日当たりなどで温度が変わるかもしれないので温度が同じ条件になるように近くに置かないといけない。

【A児の記述】

③ 「努力を要する」と判断した子どもの評価例と指導の手だて

C児は，水が必要だと予想を立てているが，生活経験や既習の知識を根拠とした予想は立てられていなかった。また，実験方法も条件に着目されたものではなく，結果が出たとしても本当に水が必要だったのか，その実験だけでは確かめられない計画を立てていた。そのため，根拠がない予想を立てており，条件に着目した実験計画を考えることができていないため，「努力を要する」と判断した。

> 予想
> 水が必要
> 水が必要だと思う。だから水をあげて観察するといい。
>
> 実験方法
> 種を容器に入れて，水をあげておく。それで芽が出たら発芽に水が必要ということが分かる。

【C児の記述】

そこで，根拠をもった予想にするために教師が「どうして水が必要だと思うの？」と聞いたり，条件に着目できるようにするために，友達の発言を聞いて，参考にするように助言したりして，条件に着目して予想が明確に分かる実験方法を考えられるようにした。また，別の時間を使って，調べたい条件のみを変えた2種類を比較するよう助言した。

☞ここがポイント！ 村山教科調査官メモ

本事例は，植物の発芽に必要な条件について予想する場面を取り上げている。本単元は，第5学年の最初の方の学習内容である。条件制御の考え方や必要性についてしっかりと指導・助言することが大切である。

第5学年 【B 生命・地球】

動物の誕生

1 単元の目標

　動物の発生や成長について興味・関心をもって追究する活動を通して，動物の発生や成長について推論しながら追究する能力を育てるとともに，それらについての理解を図り，生命を尊重する態度を育て，動物の発生や成長についての見方や考え方をもつことができるようにする。

2 本単元での指導と評価のポイント

(1) 継続的な観察から得られた学習内容を，次の観察に生かす

　本単元では，内部の変化の様子をとらえやすい魚の卵や，肉眼では観察が困難な小さな生物を扱う。これらについて顕微鏡などを用いて観察したり，図鑑などで調べたりする。また，母体内での人の成長については，直接見ることはできないので，図書資料や映像資料を用いての調べ学習が中心となる。

　そして，魚には雌雄があり，生まれた卵は日が経つにつれて中の様子が変化してかえること，魚は，水中の小さな生物を食べ物にして生きていること，人は，母体内で成長して生まれることについて，条件を考えながら予想したり考察したりできるようにする。

(2) 既習事項を生かして予想し，それを基に実験計画を立てる

　継続的な観察が主な活動になるが，その際，何を観察するのかという目的意識が大切である。時間的に同じ個体の中での比較，他の固体との比較，他の種との比較をしながら，生物の共通性と相違性を明らかにしていくことが大切である。

　ここでは，継続的に卵の中の変化を観察してきたという経験を基に，「成長には養分が必要であること」は確認されている。その既習事項を基に，では環境が水槽から池や川に変わったときの条件の違いをどうとらえるかが明らかになるような支援が必要である。

3 指導と評価の計画（全17時間扱い）

	学習活動	評価規準
第1次 3時間	【活動のきっかけ】 ○これまでの経験で生物が誕生する様子で知っていることやメダカを飼い，卵を産ませるために必要なことについて話し合う。 **問題** メダカは，雄と雌とでどのような違いがあるだろうか。 ○メダカの雄と雌はどうやって見分けるのか，予想や仮説をもつ。 ○雄と雌の違いを観察したり，資料を見たりして確かめる。 **見方や考え方** メダカには，雄と雌があり，体形の様子に違いがある。	◆関心・意欲・態度① 魚の卵の内部の様子や水中の小さな生物，人の母体内での成長の様子に興味・関心をもち，自らそれらの変化や成長を調べようとしている。 ◆技能① 水中の小さな生物を顕微鏡などを操作し，継続的・計画的に観察している。
第2次 6時間	**問題** メダカの卵はどのように育っていくのだろうか。 ○卵を採取し，メダカの卵の中の変化の様子を継続的に観察する。 ○観察したことを基に話し合い，卵の中で変化する様子についてまとめる。 **見方や考え方** 生まれた卵は，日が経つにつれて中の様子が変化して子メダカになってかえる。	◆技能② 魚の卵の内部の変化の様子を観察し，その過程や結果を記録している。 ◆思考・表現① 動物の発生や成長とその変化にかかわる時間を関係付けて考察し，自分の考えを表現している。 ◆知識・理解① 生まれた卵は日が経つにつれて中の様子が変化してかえることを理解している。
第3次 3時間	**問題** 池の水の中には，メダカなどの魚の食べ物になるものがいるのだろうか。 ○池の中にはメダカのえさになる生物がいるか，根拠を基に予想や仮説をもつ。 ○池の中の小さな生物を調べる計画を立てる。 ○観察結果や資料などを基に，分かったことを話し合う。 **見方や考え方** メダカは池の中の小さな生物を食べて生きている。	◆思考・表現② 動物の成長について予想や仮説をもち，条件に着目して観察を計画し，表現している。 ◆知識・理解② 魚は，水中の小さな生物を食べ物にして生きていることを理解している。
第4次 5時間	【活動のきっかけ】 ○メダカの受精卵が変化して子メダカとなったことを想起させ，人の成長について様子を話し合う。 **問題** 受精卵は，母親の体内でどのように育っていくのだろうか。 ○生まれる頃の子どもが母親のおなかの中でどのような様子なのか話し合い，どのように成長するのか予想や仮説をもつ。 ○調べる計画を立て，計画的に調べ，記録し考察する。 ○分かったことを発表し，まとめる。 **見方や考え方** 受精した卵は，母体内でへその緒を通して養分をもらい，少しずつ成長して体ができていき，生まれる。	◆関心・意欲・態度② 人の母体内での成長の様子に生命の神秘さを感じ，生命の連続性を調べようとしている。 ◆技能③ 人が母体内で成長していく様子を，映像資料や模型などを活用して調べ，その過程や結果を記録している。 ◆知識・理解③ 人は，母体内で成長して生まれることを理解している。

第3章 「科学的な思考・表現」の指導と評価の実際　第5学年

4 「科学的な思考・表現」の指導と評価の実際（第3次，第10・11時）

(1) 本時の目標

メダカの成長について，池の水の中にメダカなどの魚のえさになるものいるのかどうか予想や仮説をもち，メダカやその他の魚の育っている環境に着目して観察を計画し，表現することができる。

(2) 本時の展開

主な学習活動	教師の支援◇　評価◆
【活動のきっかけ】 ○池や小川などにすむメダカなどの魚は，えさを与えなくても育つのはどうしてかを話し合う。	◇これまでの学習の経過を掲示しておき，そこに，生まれたばかりのメダカのお腹の様子や，その後のえさを食べ始めたときの様子との関係を確認できるようにする。 ◇メダカの飼育を通して，観察してきたメダカの様子やえさをあげた経験を想起できるようにする。

| 問題 | 池の水の中には，メダカなどの魚の食べ物になるものがいるのだろうか。 |

○池の中にはメダカのえさになる生物がいるか根拠を基に予想や仮説をもつ。 ・水の中の葉っぱの裏に，よく魚は隠れているよ。そこにえさがたくさんあるからのかな。 ・だれかがえさをあげているのじゃないかな。 ・ザリガニもよく隠れている。 ・ヤゴも葉っぱの下に隠れていたけど，えさをあげなくてもとんぼになった。 ・小さいメダカにえさをあげるときには，口に入る大きさにつぶしてえさをあげているから，メダカの口に入る大きさのえさがあるのかな。 ・口をぱくぱくさせていたよ。あれは，何か食べているみたいだった。 ○池の中の小さな生物を調べる計画を立てる。 ・池に落ちている葉っぱの裏を調べてみよう。 ・メダカのいる○○池や○○川の水を調べたい。 ・そこにえさになりそうなものがいるか，顕微鏡で調べたい。 ・実際，メダカがえさを食べているところを観察して確かめたいな。 ・ふんを調べたら分かるかな。かたつむりは食べたものの色がふんに出てくる。食べたものが少しは分かる手がかりになるかな。 ○池の中の小さな生物を調べ，調べたことをワークシートに記入する。 ○観察結果や資料などを基に，予想したことや分かったことを話し合う。	◇どのようにメダカや他の魚がえさを食べていたかを想起させる。その際，メダカ以外の魚も生きていること，メダカのえさだけに限らないことを示唆する。 ◇一人一人が仮説をもてるよう，自分のメダカの観察カード集を手元においておくような場をつくる。 ◆思考・表現② 動物の成長について予想や仮説をもち，条件に着目して観察を計画し，表現している。 〈記録分析・発言分析〉 ◇ビーカーに採取する方法を指導する。 ◇観察する際，まずはビーカーに採取した池の水を肉眼で確かめ，大きくして見るためには顕微鏡を使用するとよいことを指導する。 ◇顕微鏡の使い方とプレパラートのつくり方を指導し，観察させるようにする。顕微鏡やプレパラートのつくり方は本単元が初めてなので，観察を通して確実に身に付けさせるようにする。

| 見方や考え方 | メダカは池の中の小さな生物を食べて生きている。 |

(3) 指導と評価の実際 【予想や仮説をもつ場面】

> ここでは,「池や川の中のメダカやその他の魚がえさをあげなくても,成長している理由」について,メダカの卵やかえってからのメダカの観察を通して学習したことを基に,予想し自分なりの考えをつくっているか,また分かりやすく表現できているかどうかを,学習カードや発言から分析する。
>
> まず,予想をカードに記述させ,それを発表し学級で共有する。次に友達の発言を聞き,意見が変わることもあるが,その上で,自分なりの実験方法を考えることになる。

① 「おおむね満足」と判断できる子どもの評価例

B児は,自分が飼っている魚にえさをあげるときに,えさを小さくしてあげることがあることから,口の大きさに合わせたえさがあることに気付いていることが分かる。

実体験に基づいて,その条件の類似性から予想をしている。その予想を基に,顕微鏡や虫眼鏡などで観察することを計画し,観察している。予想・仮説段階で,根拠をもって自分の考えをもち,実験計画を考えることができているので,「おおむね満足できる」状況であると判断できる。

<予想>
水の中の小さい生き物をえさにして食べていると思う。池の中にいるメダカは,落ちた虫などだと大きすぎて食べられないから小さい水の中の生き物を食べていると思う。

<実験方法>
肉眼では見えないので,顕微鏡で50倍にして観察する。

【B児の記述】

② 「十分満足」と判断できる子どもの評価例

A児は,「メダカのえさをあげていない」という事実を基に,人がえさをあげていなくても,どこかから得ているはずだという条件を考え,何か食べているものが存在していることを推論しているととらえられる。成長の条件を使っていると同時に,「口をぱくぱく動かしている」という観察

<予想>
小さな生き物がえさだと思う。理由は,何もないと(食べないと)死んでしまうし,口をぱくぱく動かしているから。そして小さいと食べやすい。

<実験方法>
落ち葉の裏の近くの水を,顕微鏡で100倍にして調べる。

<調査>
図書資料などで,生き物の名前や特徴などを調べる。

【A児の記述】

の結果も予想の根拠としている。

そうした予想を踏まえ，実際にメダカや生き物のいる池や落ち葉の裏側などの採取場所を考えたり，観察の後，その生き物を図鑑で調べる活動へ計画的に取り組んでいる姿が読み取れる。これは，「成長には養分が必要」という既習事項を生かしながら，条件制御を考え，表現することができているので，「十分満足できる」状況であると判断できる。

③ 「努力を要する」と判断した子どもの評価例と指導の手だて

C児は，えさの予想は書いていたものの，その根拠は記述できていなかった。また，予想を確かめるための実験方法についても記述がなかった。

そこで，メダカの観察カードを一緒に振り返りながら，これまでの飼育や観察の体験を想起する中で，予想の根拠を見いだせるように支援した。また，「○○さんはこんな方法を考えているよ」と，友達の意見を紹介したりするなどして，実験や調査の方法を思いつくように促した。

<予想>
小さな生き物がえさだと思う。

<実験方法>

【C児の記述】

👉ここがポイント！ 村山教科調査官メモ

本事例は，水中の小さな生物について予想する場面を取り上げている。本内容は，新内容であり，実際の自然に目を向けるのに適したものである。また，自然界の営みには何らかの意味や価値があり，それを「根拠」として考察させることも大切である。

第5学年 【B 生命・地球】

流水の働き

1 単元の目標

　地面を流れる水や川の働きについて興味・関心をもって追究する活動を通して，流水の働きと土地の変化の関係について条件を制御して調べる能力を育てるとともに，それらについての理解を図り，流水の働きと土地の変化の関係についての見方や考え方をもつことができるようにする。

2 本単元での指導と評価のポイント

(1) 流水のモデル実験と実際の河川を関連させる

　本単元では，築山や流水実験装置などを使ってモデル実験を行う場面が多い。その際，実験と実際の河川とのイメージが結び付かないまま，学習したことを実験だけの結果として理解してしまうことが懸念される。そこで，各次ごとに，実際の河川や映像資料を見たり振り返ったりすることで，モデル実験と実際の河川が関連していることを常に意識できるよう指導を行っていく。

(2) 条件を制御しながら自分の予想，仮説を表現させる

　本単元で変える要因と変えない要因を区別して実験を行っていく場面は，流れる水の量と速さ，上流と下流の石が考えられる。その場面で，実験の結果を見通して実験を計画することが大切である。水の量を変えながら流れる水の働きの変化を調べる実験では，条件に挙げている流れる水の速さだけでなく，測定する位置や時間，流す物など，水の量以外は同じ条件のものを比較する実験を計画できるよう指導を行っていく。

(3) 実験結果を踏まえて考察を表現させる

　築山を使った実験で得られた結果を基に，それぞれが見つけた地面の削られ方を話し合う。その中で，「壁が崩れた」「溝が深くなった」ことなどを，言葉や絵，映像を使って共有する場を設定する。それらが合わさって初めて，ただの知識としてではなく実験を通して「侵食」についてとらえることができる。このように各実験の考察の場面で実験結果を生かした学級の知をつくっていくことを大切に，指導を行っていく。

第3章 「科学的な思考・表現」の指導と評価の実際　第5学年

3　指導と評価の計画（全14時間）

	学習活動	評価規準
第1次 4時間	【活動のきっかけ】 ○雨が降っているときや降った後の川や校庭の様子を観察する。 **問題**　流れる水にはどのような働きがあるのだろうか。 ○砂場に築山をつくり，水を流したとき築山がどうなるか調べる。 ○観察結果を話し合い，流れる水の働きをまとめる。 **見方や考え方**　流れる水には，土地を侵食したり，運搬したり堆積させる働きがある。	◆関心・意欲・態度① 地面を流れる水や川の流れの様子に興味・関心をもち，自ら流れる水と土地の変化の関係を調べようとしている。 ◆技能① 流れる水と土地の変化の関係について調べ，その過程や結果を記録している。 ◆知識・理解① 流れる水には，土地を侵食したり，石や土などを運搬したり堆積させたりする働きがあることを理解している。
第2次 5時間	【活動のきっかけ】 ○台風や増水によって，川が増水した様子を実際の川や，映像資料で見る。 **問題**　大雨で水の量や速さが増すと，流れる水の働きはどうなるのだろうか。 ○川が増水して流れる水の量や速さが増したときの，水の働きや起こる変化について予想や仮説をもつ。 ○自分の予想や仮説を確かめるための実験を，条件を制御して計画し，流れる水の量や速さが速いときの流れる水の働きの変化を調べる。 ○堤防などの自然災害を防ぐ工夫や洪水ハザードマップなどの洪水時の対策について話し合う。 **見方や考え方**　雨の降り方により水の速さや水の量が変わり，増水により土地の様子が大きく変化することがある。	◆関心・意欲・態度② 増水で土地が変化することなどから自然の力の大きさを感じ，川や土地の様子を調べようとしている。 ◆技能② 流れる水の速さや量の変化を調べる工夫をし，モデル実験の装置を操作し，計画的に実験をしている。 ◆思考・表現① 流れる水と土地の変化を関係付けたり，野外での観察やモデル実験で見いだしたきまりを実際の川に当てはめたりして考察し，自分の考えを表現している。 ◆知識・理解② 雨の降り方により流れる水の速さや量が変わり，増水により土地の様子が大きく変化する場合があることを理解している。
第3次 5時間	【活動のきっかけ】 ○上流，中流，下流の川の写真を見て，流水の働きの様子を見る。 **問題**　流れる水の働きは，上流から下流へ流れる川の様子とどのように関係しているのだろうか。 ○野外観察や映像資料を活用して，モデル実験で見いだした流れる水の働きが土地の変化の様子に見られるか観察する。 ○石の形や大きさと流れる水の働きの関係について予想や仮説を基に実験を計画し，調べる。 ○川原を中心に，流域の様子の変化を整理して川の様子をまとめる。 **見方や考え方**　流れる水の働きにより，上流から下流に流れていくうちに，川原の石が小さくなったり丸くなったりするなど，川の様子が変わっていく。	◆関心・意欲・態度③ 川の上流と下流の川原の石の違いに興味・関心をもち，自ら流れる水と土地の変化の関係を調べようとしている。 ◆思考・表現② 流れる水と土地の変化の関係について予想や仮説をもち，条件に着目して実験を計画し，表現している。 ◆知識・理解③ 川の上流と下流によって川原の石の大きさや形に違いがあることを理解している。

4 「科学的な思考・表現」の指導と評価の実際 （第2次，第6時）

(1) 本時の目標
流れる水の量が多いものと少ないものを比べる実験を通して，大雨で水の量が変化したときの流れる水の働きの変化について考察し，自分の考えを表現することができる。

(2) 本時の展開

主な学習活動	教師の支援◇　評価◆
問題　大雨で水の量が増えると，流れる水のはたらきはどうなるだろうか。	
○水の量を増やすと，学習した流れる水の働きがどのように変わるか，予想を確認する。 ○水の量を増やしたときにどうすれば，流れる水の働きの変化が分かるか，調べる方法を確認する。 ・条件をそろえて実験する。 ・水の量が多いものと少ないものを比べる。 ・流れた砂の量を比べる。 ○水の量を変える実験を行い，結果とそこから分かる流れる水の働きの変化を話し合う。 ・水の量を増やしたほうが岸に立てていた棒が先に流されたよ。 ・川幅を比べると4cmと8cmだった。 ・上の方の川の深さを測って比べると3cmと5cmだった。だから，水の量を増やすと浸食する働きが大きくなった。 ・土だけじゃなく小石も流していた。だから，水の量を増やすと運搬する働きが大きくなった。 ・目印が遠くまで流されたよ。だから，運搬する働きが大きくなった。 ・水の量を増やすと下の方にたくさん溜まった。だから堆積させる働きが大きくなった。 ・違うよ。水の量が多く流れている所では堆積してないから堆積させる力は弱くなったんだよ。 ・だから大雨のときに土砂崩れが起きるんだね。 ・大雨のときいろんなものが流されていた理由がはっきりしたね。	◇実験の予想と実験方法は前時までに考えておき，把握しておくようにする。 ◇実験の準備が素早く行えるように，バットに砂を入れておく。水の準備もしておく。 ◇水の量が多いものと少ないものを比較して実験することを確認する。 ◇準備したものが流れる水の速さやその他の条件を変えず，流れる水の量だけを変える実験になっているか確認する。 ◇深さや幅を測ったり棒を立てたりするなど，実験前後の違いが，数字や実際の物を使うことで明確で客観性のあるものになっているか確認する。 ◇実験結果が流れる水の働きのどの作用に関係しているか考えるよう指導する。 ◇土が堆積したところは水が流れているところではないので，水が流れているところはどのように堆積しているか注目できるよう指導する。 ◇水の量が多いときと少ないときで，実験結果を比較して記録するよう指導する。 ◇実際の川だったら，大雨が降って水の量が増えるとどのように土地が変化するか，関連付けて考えるように指導する。 **◆思考・表現①** 流れる水と土地の変化を関係付けたり，野外での観察やモデル実験で見いだしたきまりを実際の川に当てはめたりして考察し，自分の考えを表現している。〈記述分析〉
見方や考え方　大雨で水の量が増えると，侵食と運搬するはたらきが大きくなり，堆積するはたらきが小さくなる。	

第3章 「科学的な思考・表現」の指導と評価の実際　第5学年

(3) 指導と評価の実際　【実験結果から結論をまとめる場面】

> ここでは，水の量が少ない場合と多い場合の土地の変化を比較するモデル実験を通して，「水の量を増やしたときの流れる水の働きの変化」を土地の変化から見いだすことができたか記述から分析する。そのために，前時に大雨のときに土地が変化している映像や写真から，流れる水の働きが変化したことを予想する。その予想を検証するための土地の変化が明確になるような実験方法を考えておく。本時では，実験の結果を基に流れる水の働きを見いだすとともに，予想や仮説を振り返って考察したものを記述する。

① 「おおむね満足」と判断できる子どもの評価例

B児は，大雨のときの川の映像や写真を見て「水の量が多くなると流れる水の働きが強くなる」と予想したことをきちんと踏まえて，流れる水の働きの変化についての考察を記述している。

また，実験結果で，水の量を多くした実験のほうが川の幅が広くなったことや目印のものがたくさん流れたという結果を基にして，侵食，運搬する働きが強くなったことを見いだすことができた。

さらに，第1次で学習した「侵食」「運搬」「堆積」という用語を活用することができ

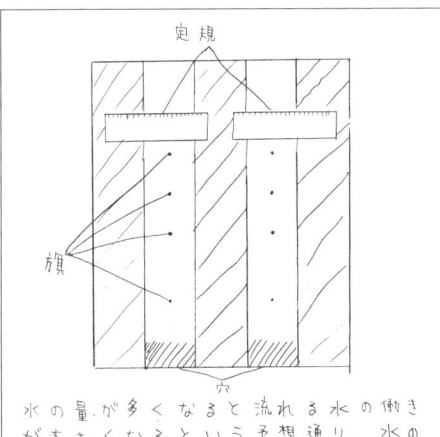

【B児の記述】

ているので，「おおむね満足できる」状況であると判断した。

② 「十分満足」と判断できる子どもの評価例

A児は，B児同様，予想を踏まえて考察していること，実験結果から流れる水の働きをそれぞれ見いだすこと，「侵食」「運搬」「堆積」という用語を活用することができている。

さらに，モデル実験での考察だけでなく「大雨のとき，土砂くずれが起きたり，木や土がたくさん流されたりしていた」と記述してあり，モデル実験で見いだしたきまりを実際の川に当てはめて考察できている。第2次の活動のきっかけで，実際の川について

学習問題を立てて予想したことを意識しながらモデル実験に取り組んでいたことが記述からうかがえるため，「十分満足できる」状況であると判断した。

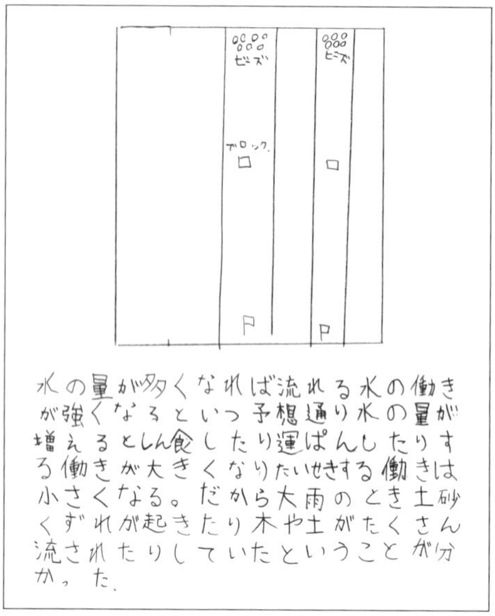

③ 「努力を要する」と判断した子どもの評価例と指導の手だて

C児は，実験結果から気付いたことを書けているが，「土をくずし，壁をこわすという働き」と表現しており，侵食のことにだけしか触れていないため，その他の「運搬」「堆積」の働きが曖昧である。また，水の量が多いときと少ないときの違いについても書かれていないため「努力を要する」状況であると判断した。

指導としては，もう一度学習問題や予想に立ち戻ることで，水の量による流れる水の働きの変化について実験していることを振り返る。また，第1次で整理した流れる水の「侵食」「運搬」「堆積」の三作用についても確認するよう指導を行う必要がある。

次時では，実際の川で見つけた流れる水の働きがモデル実験とつながっていることに気づくことを目指す。このようにモデル実験と実際の川，それぞれを観察して流れる水の働きがつながっていることを意識していくことを，単元を通して大切にしたいと考える。

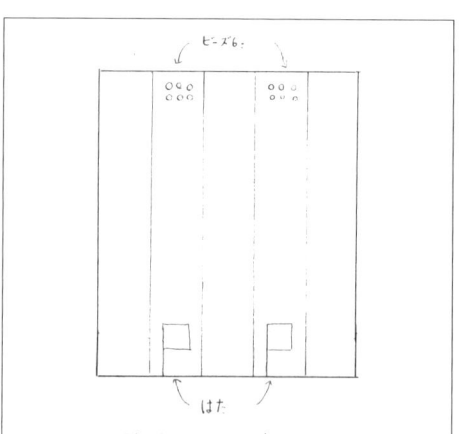

【A児の記述】

水の量が多くなれば流れる水の働きが強くなるといった予想通り水の量が増えるとしん食したり運ぱんしたりする働きが大きくなりたいせきする働きは小さくなる。だから大雨のとき土砂くずれが起きたり木や土がたくさん流されたりしていたということが分かった。

【C児の記述】

川のはばが広くなったり、めじるしのビーズが流されたりしたことから、水の量が増えると流れる水の働きは、土をくずし、かべをこわすという働きがあることが分かった。

👉 ここがポイント！ 村山教科調査官メモ

本事例は，増水時の流水の働きについて結果から結論をまとめる場面を取り上げている。本単元では，科学的な言葉や概念として，「堆積」，「侵食」，「運搬」といった流水の三作用を理解し，それを使いこなせるようになることが大切である。

第5学年　【B 生命・地球】

天気の変化

1 単元の目標

　天気の変化について興味・関心をもって追究する活動を通して，気象情報を生活に活用する能力を育てるとともに，それらについての理解を図り，天気の変化についての見方や考え方をもつことができるようにする。

2 本単元での指導と評価のポイント

(1) 実際の雲の観察を十分に行ってから，映像資料へとつなげる

　子どもにとって雲や空はいつも見ているものではあるが，それはただ眺めているだけであり，学習を進める上での経験は十分とは言えない。ここでの学習を実感のもてるものにするためには，目的意識をもった観察を十分に行い，風や雨・温度などの天気の変化と雲のかかわりについて実際に体験し，自分の考えをもってから，映像の資料へとつなげていくことである。映像資料を見る際は，実際の雲の様子や広がりを意識させ，関係付けて考えることができるようにする。

(2) 雲画像と雨量情報など，資料を合わせて読み天気の変化をつかむ

　雲の量や動きと天気の変化は関係があるが，実際に天気予報をするときには，雨量情報などの資料を合わせて読むとより正確な予報を行うことができ，天気の変化もつかみやすい。インターネットの情報を活用する際には，たくさんの情報があるため，教師側で内容を精選しておくことも大切な指導の手だてとなる。

(3) 天気を予想することの必要感がもてるよう，学習を行う時期を検討する

　切実感をもって学習に取り組むことができるように，校外学習などの学校行事と関連させて指導を行うと，より効果的である。

　また，なぜこんなにも天気予報が放送されているのかということを考えたり，天気予報によってコンビニエンスストアが商品の仕入れを変える事実など，天気予報を活用している事例を紹介したりすることによっても天気予報の必要性を感じさせることができ，子どもの興味・関心を高めることにつながる。

3 指導と評価の計画（全12時間）

	学習活動	評価規準
第1次 3時間	【活動のきっかけ】 ○体験学習の前など，これからの天気が気になるときに，空を見上げてみる。 **問題** 雲の様子は天気と関係があるのだろうか。 ○天気と雲の関係について話し合い，空を見て雲や天気を観察する計画を立てる。 ○雲の色や形，量，動きなどを調べる。 ○雨を降らしそうな雲の特徴について整理し，天気と雲の様子の関係を話し合う。 **見方や考え方** 雲の量や動きは，天気の変化と関係がある。	◆関心・意欲・態度① 雲の様子や気象情報を基にした天気の予想を日常生活で活用しようとしている。 ◆思考・表現① 天気の変化と雲の量や動きなどの関係について予想や仮説をもち，条件に着目して観察を計画し，表現している。 ◆技能① 雲の量や動きなどを観測し，その過程や結果を記録している。 ◆知識・理解① 雲の量や動きは，天気の変化と関係があることについて理解している。
第2次 6時間	**問題** 気象情報を活用すれば，天気の変化を予想できるのだろうか。 ○天気の予想は，より遠くの雲の様子など，天気に関する情報をインターネットなどで得ればできると考え，調べる計画を立てる。 ○気象情報を集め，雲の動き方と天気の変化について調べる。 ○気象情報を活用し，明日・明後日の天気を予想し，話し合う。 ○実際の天気を確かめ，天気の変化についてまとめる。 **見方や考え方** 天気は，およそ西から東へと変化しており，映像などの気象情報を用いて予想できる。	◆関心・意欲・態度② 天気の変化などの気象情報に興味・関心をもち，自ら雲の量や動きを観測したり，気象情報を収集したりして天気を予想しようとしている。 ◆思考・表現② 天気の変化と雲の量や動きなどを関係付けて考察し，自分の考えを表現している。
第3次 3時間	【活動のきっかけ】 ○台風接近のニュースなどの情報を示して，台風による被害や動きに興味・関心をもつ。 **問題** 天気の変化のきまりは，台風のときにも当てはまるのだろうか。 ○台風が接近すると起こる被害について予想や仮説をもち，台風について調べる計画を立てる。 ○インターネットなどで，接近している台風の勢力など現時点での基本情報を見る。 ○台風の動き方や台風が近づくときの天気の様子を調べる。 ○台風通過後に，台風の経路や降水の様子，自然災害などの記録を整理する。 **見方や考え方** 台風は，短時間で多量の降雨をもたらすなどの自然災害を伴いながら，不規則な動き方をする。	◆思考・表現③ 天気の変化と雲の量や動きなどの関係について予想や仮説をもち，条件に着目して観察を計画し，表現している。 ◆技能② 雲の様子を観察するなど天気の変化を調べる工夫をし，気象衛星やインターネットなどを活用して計画的に情報を収集している。

第3章 「科学的な思考・表現」の指導と評価の実際 第5学年

4 「科学的な思考・表現」の指導と評価の実際 (第2次, 第7・8・9時)

(1) 本時の目標
気象情報を基に, 天気の変化と雲の位置や量, 動きなどを関係付けて考察し, 今後の天気の変化について, 自分の考えを表現することができる。

(2) 本時の展開

主な学習活動	教師の支援◇　評価◆
問題 気象情報を活用すれば, 天気の変化は予想できるのだろうか。	
○気象情報を集め, 雲の動き方と天気の変化について調べる。 ○調べた結果から, 天気の変化のきまりについて考えをもつ。 ・雲は西から東に動いているようだ。 ・雲が動くのと一緒に, 雨が降っている場所も西から東へと移っている。 ・横浜で雨が降った日の衛星写真を見たら, 横浜の辺りは雲でおおわれていた。その前の日は, 大阪辺りが雲でおおわれていた。 ・雲の写真を見ると, 次の日の天気を予想することができると思う。 ○気象情報（衛星写真やアメダスなど）を活用して, 明日と明後日の天気を予想し, その根拠を説明する。 ・アメダスと衛星写真を見ると, 九州から大阪へと雲が近づき, 雨を降らせている。このまま, 西から東へと雲が移動すると考えられるので, 明日には雨になる。 ・衛星写真の時刻から考えると, 雲の進み方は速い。このまま進むと, 今日の夜ごろから明日にかけて雨になる。 ・だんだん雲におおわれてくるので, 晴れ→曇り→雨と天気は変化するだろう。 ・明日は雨が降り, 明後日は晴れだ。九州の西側には雲がないので, 天気は回復していく。 ○実際の天気を確かめて, 天気の変化についてのまとめをする。	◇インターネットで気象情報を集める場合は, 活用するホームページをある程度しぼっておく。 ◇雨が降った翌日など, 天気が変化した後に授業を行うと天気の変化のきまりを見つけやすい。 ◇天気の変化について規則性がもてない子どもについては, 動画などを示し, 雲の動きから規則性を見いだせるように支援する。 ◇昨日と今日の衛星写真を提示し, 雲の動きを比べながら, 予想ができるようにする。 ◇予想を当てることよりも, 自分が考えた根拠の方が大切であることを伝え, 雲の量, 位置や動きなどに着目して話し合えるようにする。 ◆思考・表現② 天気の変化のきまりに気付き, 雲の量や動きなどを関係付けて考察し, 自分の考えを表現している。 〈発言分析・記述分析〉

見方や考え方 天気は, およそ西から東へと変化しており, 映像などの気象情報を用いて, 天気の変化を予想することができる。

(3) 指導と評価の実際 【気象情報から天気を予想する場面】

> ここでは，「自分が住んでいる地域の明日・明後日の天気」を予想することを通して，気象情報や観測結果など調べたことから天気の変化の規則性を見いだし，それを基に自分の考えを説明できているかどうかを，発言やノートの記述から分析する。大切なのは，予報の根拠が明確に説明できているかであり，天気の変化と雲の量や動きなどを関係付けて考察し，表現しているかを中心に見とり，評価をする。

① 「おおむね満足」と判断できる子どもの評価例

　B児は横浜市の西側に雲があるので明日の天気は雨とし，次の日には東に雲が移動するので晴れになると判断している。

　このことから，天気が西から東へと変化するきまりにおおよそ気付いていると言える。

　しかし記述には，現在の雲の情報が中心でそれを判断する根拠となったはずの天気のきまりについては書かれていない。

> 横浜市の西側に雲があるので、明日の天気は雨になると思います。明後日にはこの雲は東へ移動して横浜市は晴れになります。

【B児の記述】

　現在の雲の状態から，その後の動きを考察し自分の考えを述べることができているが，予報の根拠がやや明確ではないことから，「おおむね満足」の状況であると判断した。

② 「十分満足」と判断できる子どもの評価例

　A児は，天気の変化が雲の動きと関係していることや，西から東へと雲が動くこと述べ，その上で現在の雲の状況から，今後の天気がどうなるかを判断し記述することができている。

　また，D児は雲の衛星写真とアメダスの情報を合わせて判断し，雲の動きと天気の変化を関係付けて考え，予想した根拠をしっかり説明することができている。

　A児・D児ともに現在の雲の様子を正確に読み取り，自分の見いだした天気の変化のきまりと合わせて判断している。さらに，その根拠を明確にして自分の考えを記述することができている。このことから，科学的な思考・表現の能力が十分に発揮されたと読み取り，「十分満足できる」状況であると判断した。

【A児の記述】

> 天気の変化は雲の動きと関係していて、雲は西から東へと動いている。なので、横浜市の西側にある雲が動いて明日は雨になる。明後日はさらにその雲が東側へ動いて、晴になると思う。

【D児の記述】

> 昨日は九州が雨だった。今日はその雲が東に移って大阪が雨だ。だから、明日は横浜の方にこの雲が来て、雨になると思う。明後日は、この雲がなくなるから、晴れになる。

③ 「努力を要する」と判断した子どもの評価例と指導の手だて

　一方、C児は、横浜市の上に雲がないと記述していることから、雲が天気と関係していることは理解していると言える。しかし、雲が西から東へと動くので、天気も西から東へと変化することなど、雲の動きと天気の変化をつなげて考えることができていない。

【C児の記述】

> 横浜市の上に雲がないから、明日の天気は晴れだと思う。
> 明後日は雲が動いて、くもりだと思う。

　そこで、数日前の雲の画像と現在の雲の画像を並べて示して雲がどのように動いているかを問いかけたり、雲の動きを追いやすい動画を示したりして雲の動きのきまりを見いだせるようにした。その後、雨が降っている場所が分かる画像を使い、雲の動きとともに雨が降っている場所がどうなっているか比べるよう助言し、雲の動きと天気の変化のきまりについて自ら見いだせるようにした。

ここがポイント！ 村山教科調査官メモ

　本事例は、明日、明後日の天気について予想する場面を取り上げている。本単元では、インターネット等で得られる情報ばかりでなく、自分のいる地域の実際の雲の動きなどを観察して得た情報も取り入れて、総合的に判断することが大切である。

第6学年 【A 物質・エネルギー】

燃焼の仕組み

1 単元の目標

物の燃焼の仕組みについて興味・関心をもって追究する活動を通して，物の燃焼と空気の変化とを関係付けて，物の質的変化について推論する能力を育てるとともに，それらについての理解を図り，燃焼の仕組みについての見方や考え方をもつことができるようにする。

2 本単元での指導と評価のポイント

(1) 日常生活との関連を図りながら単元を展開する

最近の子どもは，物を燃やす体験をあまりしていない。また，物が燃えるということは，子どもにとって当たり前の現象であり，「どうして空気中で物が燃えるのだろう」といった疑問も抱いていないことが多い。そこで，キャンプファイヤーや煙突の仕組みなど，日常経験との関連を図りながら単元を展開したり，ろうそくの火をじっくりと観察させたりすることで，物が燃える現象についての興味・関心を高めるようにする。

(2) 酸素や二酸化炭素の割合の変化をモデル図で表し，空気の質的変化を意識させる

ふたをした集気瓶の中でろうそくを燃やすと，しばらく燃え続けた後に消えてしまう。その結果から，子どもは「集気瓶の中は二酸化炭素でいっぱいになった」「酸素は残っていると思う」と考える。その際，気体を「粒子」などのモデルにたとえ，集気瓶の中の空気を100個の粒で考えさせ，図や文字を用いて自分の考えを表現させるようにすることにより，空気の質的変化を推論できるようにする。

(3) 複数の実験結果を基に考察を行い，結論を導出するという意識を高める

子どもは，ろうそくが燃えた後の気体が石灰水に触れると白く濁ったという結果だけで，「物が燃えると，すべての酸素が二酸化炭素になる」と考えてしまうことがある。その結果から，どのような結論を導き出すかを意識させることにより，「石灰水が白く濁ったから，二酸化炭素があるということは分かるけど，酸素がなくなったとは言えない」といった思考ができるようにする。

第3章 「科学的な思考・表現」の指導と評価の実際　第6学年

3 指導と評価の計画（全8時間）

	学習活動	評価規準
第1次 3時間	【活動のきっかけ】 ○集気瓶の中に火のついたろうそくを入れ，ふたをして燃える様子を観察する。	◆関心・意欲・態度① 植物体を燃やしたときに起こる現象に興味・関心をもち，自ら物の燃焼の仕組みを調べようとしている。
	問題 瓶の中でろうそくを燃やし続けるには，どうしたらよいだろうか。	
	○燃やし続ける方法を話し合い，実験計画を立てる。 ○隙間の開け方を変えたときのろうそくの燃え方を調べ，線香の煙などを使って空気の流れを確かめる。	◆思考・表現① 物の燃焼と空気の変化を関係付けながら，物の燃焼の仕組みについて予想や仮説をもち，推論しながら追究し，表現している。
	見方や考え方 瓶の中の空気が入れ替わるようにすると，ろうそくが燃え続ける。	
第2次 5時間	【活動のきっかけ】 ○空気はどのような気体なのかを教科書等で調べる。	
	問題 物を燃やす働きのある気体は何だろうか。	
	○空気中のどの気体に物を燃やす働きがあるかを予想する。 ○酸素，二酸化炭素，窒素それぞれの中で物の燃え方を調べる。 ○ろうそく以外に，木や紙などを燃やし，燃えた後の変化を調べる。	◆技能① 植物体の燃焼の様子や空気の性質を調べ，その過程や結果を適切に記録している。
	見方や考え方 酸素には物を燃やす働きがある。窒素や二酸化炭素には物を燃やす働きはない。	
	問題 物が燃えた後の空気は，気体の割合がどのように変化するのだろうか。	
	○ろうそくを燃やす前や燃やした後の集気瓶の中の空気の変化を予想する。 ○ろうそくを燃やす前や燃やした後の集気瓶の中の空気の性質を調べる。 ○石灰水・気体検知管を使って，空気の性質を確かめる。 ○モデル図などを利用して，燃やす前と後の空気の変化を考え，表現する。	◆技能② 植物体が燃える様子を調べる工夫をし，気体検知管や石灰水などを使って適切に実験している。 ◆思考・表現② 物の燃焼と空気の変化について，自ら行った実験の結果と予想や仮説を照らし合わせて推論し，自分の考えを表現している。 ◆知識・理解① 植物体が燃えるときには，空気中の酸素が使われて二酸化炭素ができることを理解している。 ◆関心・意欲・態度② 物の燃焼の仕組みを適用し，身の回りの現象を見直そうとしている。
	見方や考え方 物が燃えるときには空気中の酸素が使われ，二酸化炭素ができる。燃やした後の瓶の中の空気は酸素の割合が少なくなり，物を燃やす働きがなくなる。	

4 「科学的な思考・表現」の指導と評価の実際 （第1次，第2・3時）

(1) 本時の目標
物の燃焼と空気の変化を関係付けながら，物の燃焼の仕組みについて予想や仮説をもち，推論しながら追究し，表現することができる。

(2) 本時の展開

主な学習活動	教師の支援◇　評価◆
【活動のきっかけ】 ○燃えているろうそくに，底のない集気瓶をかぶせて，ふたをしたときの，ろうそくの火の様子を見る。	◇穴をふさいでしまったから，ろうそくの火が消えたという子どものつぶやきを取り上げ，全体に広める。
問題　どのようにすれば，瓶の中のろうそくを燃やし続けることができるだろうか。	
○どのようにすれば，集気瓶の中のろうそくを燃やし続けることができるのかについて予想し発表する。 ・穴は大きい方がいいが，小さくてもろうそくは燃えると思う。 ・飯ごう炊さんで木に火をつけたとき，隙間があっても火が消えたから，穴は大きくないとだめだと思う。 ○どのようにすれば集気瓶の中のろうそくを燃やし続けることができるが調べる。 ○どのような穴を開けたときに燃え続けたのかについて発表し合い，どのような条件を満たした穴が必要かについて予想し，発表する。 ・穴が小さいと燃え続けないということは，空気の出入りができないということではないか。 ・木を燃やすとき，うちわであおいだり，息をかけたりした。 ○線香の煙を使って，空気の流れを調べる。 ・線香の煙は下から入って，上からでていくよ。 ・穴が大きければ，上に開けた穴だけでも，空気の出入りがあるよ。 ○結果を基に，集気瓶の中のろうそくを燃やし続ける条件について考察し，まとめる。	◇飯ごう炊さんやキャンプファイヤーなどといった子どもの生活経験を発表し合い，自分なりの予想をもたせることができるようにする。 ◆思考・表現① 物の燃焼と空気の変化を関係付けながら，物の燃焼の仕組みについて予想や仮説をもち，推論しながら追究し，表現している。 〈記述分析・発言分析〉 ◇穴の大きさや穴の場所を自由に試行させながら，穴の大きさや穴を開ける位置が重要であることをとらえることができるようにする。 ◇自由に実験を行った結果を基に，穴を開ければろうそくが燃え続けるわけではないことを押さえる。さらに，瓶の中のろうそくが燃え続けるには，どのような条件を満たす穴が必要であるのかについて，自分なりの考えをもたせる。 ◇線香の煙の動きを基に，瓶の中のろうそくを燃やし続けるには，絶えず空気が入れ替わる必要があることをまとめる。
見方や考え方　瓶の中の空気が入れ替わるようにすると，ろうそくを燃やし続けることができる。	

第3章 「科学的な思考・表現」の指導と評価の実際　第6学年

(3) 指導と評価の実際　【予想や仮説をもつ段階】

> ここでは，「どのような穴を開ければ，ろうそくを燃やし続けることができるか」についての自分なりの予想を，図や文章で表現し，子どもが科学的に思考できたかどうか，また，自分の考えを分かりやすく表現できたかどうかをノートの記述から分析する。子どもは，それまでの生活経験や空気のあたたまり方などの学習経験を基に，自分なりの予想や仮説を立てることになる。

① 「おおむね満足」と判断できる子どもの評価例

B児は，燃えているろうそくに，底のない集気瓶をかぶせてふたをしたときに，ろうそくの火が消えたことから，瓶の中のろうそくを燃やし続けるには，新しい空気が必要であると考えている。B児は，そのような自分なりの考えを図と文章で表現しており，「おおむね満足できる」状況であると判断した。

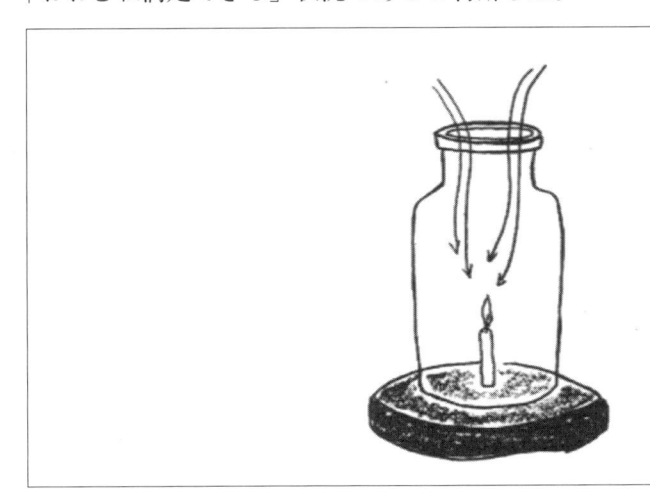

> ふたをしたらろうそくは消えた。
> 空気がなかったから消えたのだから
> ふたをしないでろうそくを燃やせば，空気が入ってろうそくは燃え続けると思う。

【B児のノート】

② 「十分満足」と判断できる子どもの評価例

A児は，飯ごう炊さんをしたときに，木を組んでも火がなかなか着かず，うちわであおぎ，新しい空気を送り続けた経験や，4年生で学習した「空気は熱した部分が上方に移動する」という空気に対する見方や考え方を基に，下と上に穴を開ければ，瓶の中のろうそくを燃やし続けることができると考えた。

また，A児は自分の予想を発表する際に，「燃えているろうそくに，底のない集気瓶をかぶせてふたをしたときに，ろうそくの火が消えたことから，瓶の中のろうそくを燃やし続けるには，新しい空気を送り続ける必要がある」と，これまでに行った実験の結果から考えたことも付け加えて，自分の考えを述べることができた。

141

このように，A児はこれまでの経験と関連付けて考え，自分の考えをいくつかの状況に分けて図や文章で表現しているので，「十分満足できる」状況であると判断した。

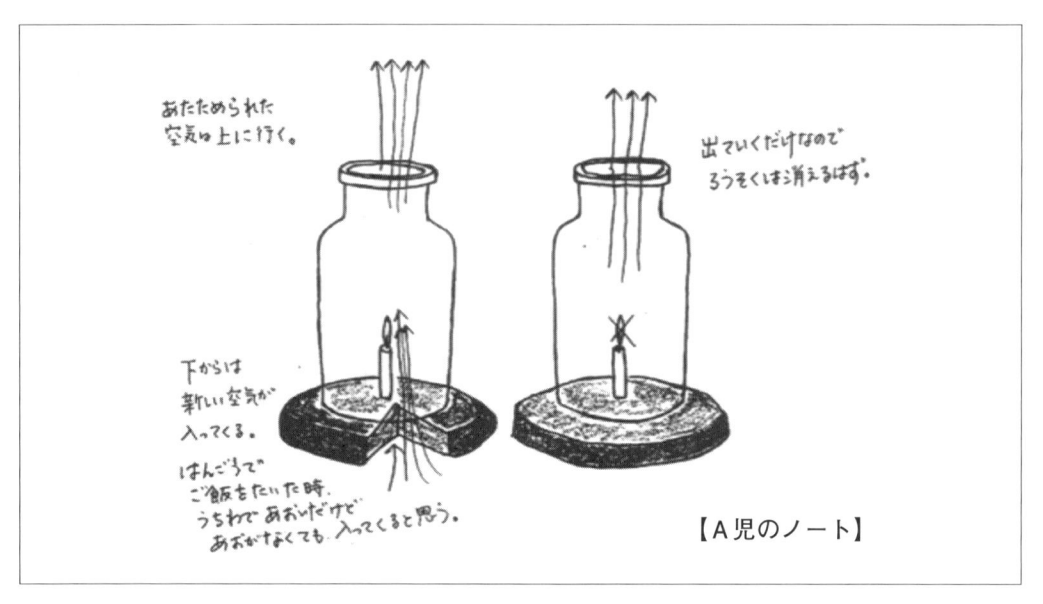

【A児のノート】

③　「努力を要する」と判断した子どもの評価例と指導の手だて

　C児は，瓶の中のろうそくを燃やし続けるためには，瓶の上を半分くらい開ければよいだろうと考え，図で表現した。しかし，予想の根拠がまったく記述されていなかった。

　そこで，これまでの生活経験の中で，飯ごう炊さんやキャンプファイヤーなどを行ったことがなかったかどうかを尋ねたり，燃えているろうそくに，底のない集気瓶をかぶせてふたをしたときに，ろうそくの火が消えたという事実を想起させたりして，自分なりの考えの根拠を記すように助言した。

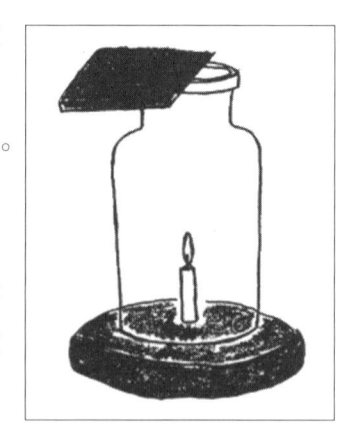

【C児のノート】

ここがポイント！　村山教科調査官メモ

　本事例は，空気の通り道と燃焼の仕組みについて予想する場面を取り上げている。本単元は，目に見えない空気の通り道や酸素，二酸化炭素の割合などを対象としているので，考えを顕在化するためには，モデル図などを活用する必要性が高い。

第6学年 【A 物質・エネルギー】

水溶液の性質

1 単元の目標

　いろいろな水溶液の性質や金属を変化させる様子について興味・関心をもって追究する活動を通して，水溶液の性質について推論する能力を育てるとともに，それらについての理解を図り，水溶液の性質や働きについての見方や考え方をもつことができるようにする。

2 本単元での指導と評価のポイント

(1) 実験方法を工夫し，モデル図によって二酸化炭素の量的変化について考えさせる

　炭酸水には二酸化炭素がとけていることを知っている子どもはいるが，二酸化炭素が水にとけることを知っている子どもは少ない。また，気体が水にとけるということについてのイメージはもちにくいと考える。ペットボトルに二酸化炭素と水を入れて振るとペットボトルがへこむが，その現象から二酸化炭素が水にとけたと考えることも難しい。

　まず，水に二酸化炭素がとけていく現象をしっかりと見せたい。そのために，水上置換の要領で二酸化炭素の泡をためる。それをゆすることで泡が小さくなっていく現象を見せることで，二酸化炭素が水にとけていくことをとらえさせる。その上で，ペットボトルに水と二酸化炭素を閉じ込めて，振ったときにペットボトルがへこむ現象について，考えさせたい。その際，モデル図を使って，二酸化炭素の量や，へこんだ理由について考えさせ，二酸化炭素が水にとけ込むイメージをもたせるようにする。

(2) 思考の流れを意識した単元を構成する

　本単元では，水溶液には，酸性・アルカリ性・中性のものがあることや，金属を変化させるものがあること，水溶液には気体がとけているものがあることをとらえさせるねらいがある。それらに共通な教材として酸性雨がある。単元の中で酸性雨について取り上げていくことで，子どもの思考の流れを止めることなく単元を構成することができると考える。どの場面で取り上げるかは，子どもの実態や教師のねらいによって変わってくるが，ぜひ取り上げていきたい。

3 指導と評価の計画（全12時間）

	学習活動	評価規準
第1次 6時間	【活動のきっかけ】 ○5種類の水溶液を観察する。	◆関心・意欲・態度① 水溶液にとけているものに興味をもち，進んで考えたり調べたりしようとしている。
	問題 5つの水溶液には，どのような違いがあるのだろうか。	
	○食塩水，石灰水，炭酸水，塩酸，アンモニア水について，色，様子，におい，蒸発させたときのにおいや残る物について調べる。 ○蒸発させても何も残らなかった水溶液について考える。 ○炭酸水には何がとけているのかについて調べる。	◆技能① 水溶液を蒸発させて，とけている物が気体か固体かを見分け，記録している。 ◆思考・表現① 実験結果から炭酸水にとけているものについて推論し，自分の考えを表現している。 ◆知識・理解① 水溶液には，気体や固体がとけているものがあることを理解している。
	見方や考え方 水溶液には，固体がとけているものと，気体がとけているものがある。	
	○水溶液の違いを調べる方法には，リトマス紙の色の変化で調べる方法があることを知る。 ○いろいろな水溶液をリトマス紙につけて，性質を調べ，酸性・アルカリ性・中性に仲間分けをする。	◆技能② リトマス紙を正しく扱って水溶液を調べ，色の変化の様子を整理して，記録している。 ◆思考・表現② 実験結果から水溶液の性質について推論し，自分の考えを表現している。 ◆知識・理解② 水溶液には，酸性・アルカリ性・中性のものがあることを理解している。
	見方や考え方 水溶液は，酸性・アルカリ性・中性に仲間分けをすることができる。	
第2次 6時間	【活動のきっかけ】 ○気体がとけている水溶液として，酸性雨を紹介し，その被害についてふれる。	◆関心・意欲・態度② 金属に水溶液を注ぐと変化するかどうかに興味をもち，進んで変化の様子を調べようとしている。
	問題 水溶液には，金属を変化させるはたらきがあるのだろうか。	
	○金属に薄い塩酸を注ぐとどうなるかを調べる。 ○塩酸にとけた金属がどうなったのかについて話し合う。 ○塩酸に金属がとけた液を蒸発させると，とけた金属が出てくるのかを調べる。 ○金属がとけた液から出てきた固体が，もとの金属と同じなのかについて調べる。	◆思考・表現③ 金属がとけた液を蒸発させて出てきた物が水にとけることから，金属は，水溶液によって別の物に変化したと推論し，自分の考えを表現している。 ◆知識・理解③ 水溶液には，金属を変化させるものがあることを理解している。
	見方や考え方 塩酸に金属をとかした液を蒸発させて出てきた固体は，もとの金属とは違う性質をもっている。水溶液には，金属を別の物に変化させるものがある。	

第3章 「科学的な思考・表現」の指導と評価の実際　第6学年

4 「科学的な思考・表現」の指導と評価の実際（第1次，第3・4時）

(1) 本時の目標

炭酸水にとけている気体について調べたり，二酸化炭素が水にとける性質をもっていることについて調べる活動を通して，炭酸水には何がとけているのかについて推論し，自分の考えを表現することができる。

(2) 本時の展開

主な学習活動	教師の支援◇　評価◆
【活動のきっかけ】 ○前時に出された疑問について話し合う。	

> 問題 / 炭酸水には，何がとけているのだろうか。

○炭酸水にとけているものや，調べるための方法について話し合う。 ・炭酸ガスがとけているのではないかな。 ・二酸化炭素がとけている。 ・出てきている泡を集めてみよう。 ・石灰水で調べられる。 ・気体検知管で調べられる。 ○炭酸水から出る気体を集め，その気体が二酸化炭素なのかを調べる。 ・石灰水が白く濁った。 ・炭酸水からは二酸化炭素が出ている。 ○実験結果について話し合う。 ・二酸化炭素が水にとけているの？ ・炭酸水ってどうやって作っているのだろう。 ○二酸化炭素は水にとけるのかを調べる。 ・空気の泡は小さくならないけど，二酸化炭素の泡は小さくなった。 ・二酸化炭素は水にとけるんだ。 ○ペットボトルに二酸化炭素と水を入れて振ってみて，中でどんなことが起きているのかについて考える。 ・へこんだ。 ・二酸化炭素がとけて，その分体積が小さくなったからじゃないか。 ・石灰水が白く濁った。	◇炭酸ガスとは二酸化炭素であることを伝える。 ◇石灰水に二酸化炭素を入れると白く濁ることを確認し，結果が分かったら実験を終了するように指示をする。 ◇炭酸水と石灰水を混ぜるという方法については，結果が出た後に取り上げるようにする。 ◇二酸化炭素が水にとけるということについて疑問に思う子どもの考えを取り上げて，調べる必要性をもたせるようにする。 ◇ペットボトルに水と二酸化炭素を入れて振るとペットボトルがへこむという現象から二酸化炭素がとけたと考えさせるのは難しいので，二酸化炭素の泡が水の中で小さくなっていく現象を見せるようにする。 ◆思考・表現① 実験結果から炭酸水には何がとけているのかについて推論し，自分の考えを表現することができる。〈記述分析〉

> 見方や考え方　炭酸水を蒸発させても何も残らないこと，炭酸水から二酸化炭素が出ていること，二酸化炭素が水にとけることから，炭酸水には二酸化炭素がとけている。

（3）指導と評価の実際　【実験結果から結論をまとめる場面】

> 前時において水溶液を蒸発させても何も残らないものがあったことから，気体がとけているのではないかという考えを子どもはもっている。ここでは，炭酸水を取り上げ，中にとけているものを追究していく。炭酸水から出ている泡は石灰水を白く濁らせることから炭酸水から二酸化炭素が出ていること，二酸化炭素の泡を水に入れるとだんだん小さくなっていく現象から，二酸化炭素が水にとけることをとらえさせていく。ペットボトルに水と二酸化炭素を入れて振ると，ペットボトルがへこむ現象について中で何が起きているのか，水と二酸化炭素はどうなったのかについてモデル図をかき，それについて説明させ，水に二酸化炭素がとけて炭酸水になったことを推論していく。

① 「おおむね満足」と判断できる子どもの評価例

　B児は，空間にあった一部の二酸化炭素が減り，残りは水の中にとけ込んで存在していることをモデル図で表現している。

　また，ペットボトルがへこんだ理由について，「ペットボトルの中にあった二酸化炭素が，水の中にとけ込んで，残りの二酸化炭素が減ったのでへこんだ」と説明をしている。説明には書かれていないが，振った後のモデル図には，炭酸水という表現があることから，ペットボトルの中の水に二酸化炭素がとけ込み，炭酸水になったということが理解できているため，「おおむね満足」と判断できる。

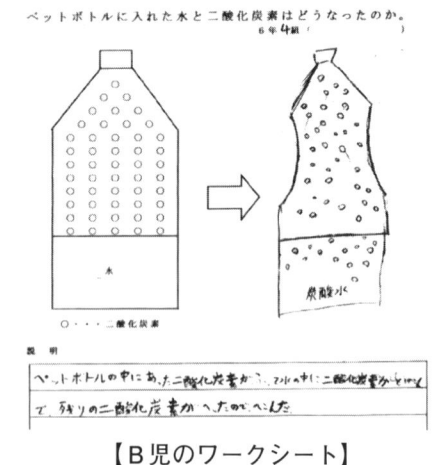

【B児のワークシート】

② 「十分満足」と判断できる子どもの評価例

　A児は，空間にあった二酸化炭素がかなり減り，残りは水の中に存在していることをモデル図で表現している。また，「水と二酸化炭素を入れたペットボトルを振ったら水にとけこんだ二酸化炭素の分，ペットボトルの体積がなくなって，へこんで，体積が小さくなったのだと思います。しかし，まだ一部がとけていないから完全にへこんだわけではないと思います。炭酸水には二酸化炭素がとけている」と説明している。また，振

った後のモデル図には，炭酸水と書かれている。ペットボトルがへこんだ理由についても明確に説明ができており，二酸化炭素がまだ残っていることをペットボトルのへこみ具合から推察するなど，モデル図とその説明がしっかりと関係付けられている。よって，科学的な思考・表現は，「十分満足できる」と判断した。

③ 「努力を要する」と判断した子どもの評価例と指導の手だて

C児は，二酸化炭素が空間にすべて存在していることをモデル図で表現している。また，「水の量よりも二酸化炭素の量の方が多いから二酸化炭素は水にとけないんじゃないか。へこんだのは，二酸化炭素が上に行ったからだと思う」と説明をしていた。二酸化炭素が水にとけることを実験で確認した後に書かせたものであるが，二酸化炭素が水にとけないと考えていた。その後，友達の考えを聞くことで，ペットボトルがへこんだのは，二酸化炭素が水にとけたからだと考えを修正することができた。また，石灰水を使って調べることにより，水の中には二酸化炭素が入っていることを理解することができた。

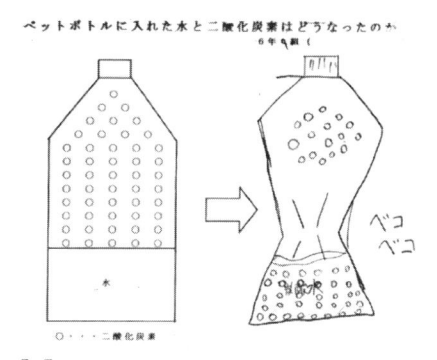

【A児のワークシート】

【C児のワークシート】

☞ここがポイント！ 村山教科調査官メモ

本事例は，水溶液に気体がとけることについて結果から結論をまとめる場面を取り上げている。本単元では，二酸化炭素が水にとける現象を見せて，その現象を解釈させ，学習カードに記述させている。こうした思考・表現の積み重ねが，推論する力の育成につながっていく。

第6学年 【A 物質・エネルギー】

てこの規則性

1 単元の目標

　生活に見られるてこについて興味・関心をもって追究する活動を通して、てこの規則性について推論する能力を育てるとともに、それらについての理解を図り、てこの規則性についての見方や考え方をもつことができるようにする。

2 本単元での指導と評価のポイント

(1)「てこ」を使って物を持ち上げ、手応えの違いを体感させる

　身の回りには、てこを利用した道具がたくさんあるが、子どもたちはその仕組みを考えることなく当たり前のように使っている。まずは、てこの原理が分かりやすい、ある1点を支えにした棒を使って重い物を持ち上げるといった体感をさせる。力を加える位置によって重い物が片手で上がったり、両手を使っても上がらなかったりするため、子どもたちは様々な疑問をもったり、発見をしたりすることができる。そこで生まれた疑問や発見をつないで、本単元を展開していくことができるようにする。

(2) 得られたデータを表やグラフにまとめる

　てこ実験器を用いてつり合うきまりを見いだしていく場面では、単純に「左側の（力点にかかるおもりの重さ）×（支点までの距離）＝右側の（力点にかかるおもりの重さ）×（支点までの距離）」の関係式を導くのではなく、てこがつり合ったときの両側の重さを表にまとめたり、グラフに表してみたりすることで、算数科で学習した反比例の関係にあることに気付かせたい。さらに、自分たちが体感した「てこ」を振り返らせることで、力を加える位置によって重さの感じ方が違っていた理由を考えさせていく。

(3) 身の回りにある「てこ」を利用した道具を活用する

　はさみや栓抜き、ホチキスなど身の回りにある「てこ」のきまりを利用した道具を探したり、それらの道具の支点・力点・作用点がどうしてその位置なのかを話し合わせたりする時間を設定する。そのことで、日常の生活に「てこ」のきまりが大いに役立っていることを実感を伴って理解することができるようにする。

第3章 「科学的な思考・表現」の指導と評価の実際　第6学年

3 指導と評価の計画（全11時間）

	学習活動	評価規準
第1次 4時間	【活動のきっかけ】 ○1本の棒を使って，力を加える位置を変えながら，重い物を持ち上げたときの様子を観察する。 **問題** 棒をどのように使ったら，重い物を楽に持ち上げられるだろうか。 ○楽に持ち上がる方法について予想や仮説をもつ。 ○力点や作用点の位置を変えたときの手ごたえの違いを調べる。 **見方や考え方** 作用点から支点までの距離に比べ，支点から力点までの距離が長いほど，小さい力で持ち上げることができる。	◆関心・意欲・態度① てこの働きを利用した道具に興味・関心をもち，てこの仕組みやてこを傾ける働きを調べようとしている。 ◆技能① てこの働きを調べる工夫をし，てこの実験装置などを操作し，安全で計画的に実験をしている。 ◆思考・表現① てこの規則性について予想や仮説をもち，推論しながら追究し，表現している。
第2次 3時間	【活動のきっかけ】 ○てこを傾ける働きと，力を加える位置や力の大きさの関係について話し合い，どのようなときにつり合うのか，てこ実験器を使って調べる。 **問題** てこが水平につり合うのは，どのようなきまりがあるのだろうか。 ○実験結果から，てこが水平につり合うときのきまりについてまとめる。 **見方や考え方** てこが水平につり合うとき，おもりがうでを傾けようとする働きは，「おもりの重さ×支点からの距離」の式で表すことができる。	◆思考・表現② てこの働きや規則性について，自ら行った実験の結果と予想や仮説を照らし合わせて推論し，自分の考えを表現している。 ◆知識・理解① 力を加える位置や力の大きさを変えると，てこを傾ける働きが変わり，てこがつり合うときにはそれらの間に規則性があることを理解している。
第3次 2時間	【活動のきっかけ】 ○てこ実験器を使って物の重さをはかる。 **問題** てこのきまりを使って，物の重さを比べたり，はかったりできるだろうか。 ○てこのきまりを利用した「はかり」をつくり，重さをはかる。 **見方や考え方** 支点から等距離に同じ重さの物を吊すと，棒は水平につり合う。てこのきまりを活用すると，物の重さを比べたり，はかったりすることができる。	◆技能② てこの働きの規則性を調べ，その過程や結果を定量的に記録している。 ◆知識・理解② 水平につり合ったとき，左右の重さは等しいことを理解している。
第4次 2時間	【活動のきっかけ】 ○くぎ抜きを使って板に打ち込んだくぎを引き抜く様子を観察する。 **問題** てこの規則性は，どのような道具のどこに利用されているだろうか。 ○てこを利用したと考えられる道具を持ち寄り，てこの規則性がどのように利用されているのかを調べ，説明する。 **見方や考え方** 身の回りの様々な道具で，てこの規則性が利用されている。	◆関心・意欲・態度② 日常生活に使われているてこの規則性を利用した道具を調べようとしている。 ◆知識・理解③ 身の回りには，てこの規則性を利用した道具があることを理解している。

4 「科学的な思考・表現」の指導と評価の実際（第2次，第5・6時）

(1) 本時の目標

てこが水平につり合うときのきまりについて，てこ実験器を使って推論し，自分の考えを表現することができる。

(2) 本時の展開

主な学習活動	教師の支援◇　評価◆
【活動のきっかけ】 ○てこを傾ける働きと，力を加える位置や力の大きさの関係について話し合い，どのようなときにてこが水平につり合うのか，てこ実験器を使って調べる。	◇てこ実験器を提示し，うでにつり下げたおもりの位置を動かして，てこを傾ける働きの違いを体感させる。

問題　てこが水平につり合うときには，どのようなきまりがあるのだろうか。

○てこが水平につり合うときには，どのようなきまりがあるのかについて予想し，発表する。 ○きまりを見つけるために必要な条件を話し合う。 ・片方のうで（左側）につけるおもりの重さと支点からの距離は変えないようにしよう。そして，反対のうで（右側）につけるおもりの重さや支点からの距離を変えてつり合う場合を調べればいい。 ○てこ実験器を使って，水平につり合うときのきまりを調べる。 ・やっぱり，左側と同じ支点からの距離に同じ重さのおもりを下げるとつり合った。 ・おもりを下げた距離とおもりの重さをかけ算して出た答え（120）になればつり合うぞ。 ○調べた結果をノートに記録する。 ○各班の実験結果を基にしながら，てこがつり合うときのきまりについて話し合う。 ・おもりの位置とおもりの重さをかけ算した答えが同じなら，てこが水平につり合う。 ・おもりの位置が遠いほど，重さは軽くなる。 ○つり合うときのきまりを記述し，説明する。 ・「おもりの位置×おもりの重さ」の答えが同じとき，てこは水平につり合う。	◇棒を使った実験で体験したことを基に，予想や仮説をもたせる。 ◇左側のうでには，支点から「4」の距離に30gのおもりをつり下げるようにする。さらに，実験で使うのは，10gのおもりを12個とする。そのことで，多様なデータが得られたり，きまりについての多くの考えを引き出すことができるようにする。 ◇実験で得られたデータを表やグラフにして記録している子どもを取り上げ称賛する。そのことで，てこがつり合うときのきまりを反比例と関連させて見いだしていく姿を期待したい。 ◇複数の場所におもりをつり下げてつり合わせた班を称賛し全体に広めることで，多様なデータがより多く得られるようにする。 ◇実験結果をふまえて，てこが水平につり合うときのきまりについて自分なりに考えたことを説明させる。 ◆思考・表現② てこの働きや規則性について，自ら行った実験の結果と予想や仮説を照らし合わせて推論し，自分の考えを表現している。 〈記録分析・発表〉

見方や考え方　てこが水平につり合うとき，おもりがうでを傾けようとする働きは，「おもりの重さ×支点からの距離」の式で表すことができる。

第3章 「科学的な思考・表現」の指導と評価の実際　第6学年

(3) 指導と評価の実際　【実験結果から結論をまとめる場面】

> ここでは，「てこが水平につり合うときのきまり」ついて，てこ実験器を操作しながら，グラフや表を活用して視覚的・数量的に表現できるようにし，子どもが科学的に思考できたかどうか，また，自分の考えを分かりやすく表現できているかどうかを，ノートの記述や授業の中での発言から分析する。実験前の予想と得られたデータを比較しながら，1つの式で表すことができないか考察し，きまりを見いだしていく。

① 「おおむね満足」と判断できる子どもの評価例

B児は，予想の段階において，1本の棒で重い物を持ち上げた経験を基に，支点からの距離が遠いほど，おもりは軽くすむと予想していた。そして，てこ実験器の操作をしながら，得られたデータを表にまとめていくうちに，てこがつり合う際の関係式まで導き出すことができた。さらに，複数箇所につり下げてつり合うことに気付き，たくさんのデータを集めて，まとめることができた。

B児は，実験データを表に整理し，予想と照らし合わせながら，きまりの式を導き出すことができたので，「おおむね満足」している状況であると判断できる。

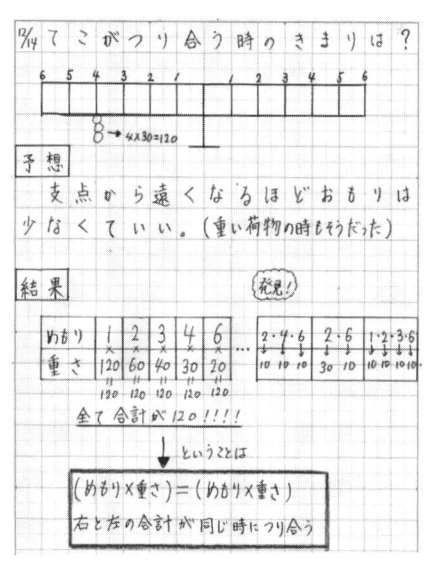

【B児のノート】

② 「十分満足」と判断できる子どもの評価例

A児は，実験で得られたデータを表に記録していると，反比例の関係にあることに気付き，実験途中で表を改めて整理した。その後，まとめた表の数値が確かであるかを確認するための実験を行っていた。さらに，グラフにも表現することで，より確かな結果であると判断している。また，2カ所や3カ所におもりをつり

【2カ所でもつり合うよ！】

151

下げてもてこがつり合うことも図のような考えから，「おもりの重さ×支点からの距離」のきまりに当てはめることができると表現し，全体の話し合いでも発言することができた。

A児は，算数科で学習した内容を生かしながら，仮説を立てて実験を進めている。そして，その思考の道筋を分かりやすくノートに表現しているので，「十分満足できる」状況であると判断した。

③ 「努力を要する」と判断した子どもの評価例と指導の手だて

一方，C児は，予想の段階で支点から「4」の距離に30gのおもりをつり下げている事実から漠然と120の値になればいいと考えていることがノートの記述から読み取ることができた。そこで，その予想が本当に正しいならば，どのような表になっていくのかを投げかけ，記録をさせた。そして，実際にてこ実験器で同じ結果が得られるのかを確かめながらまとめていくように助言した。最後に，1本の棒で重い荷物を簡単に持ち上げることができたことを想起させ，支点から離れた位置の方が軽く感じた理由について，自分の考えを書いてみるように助言した。

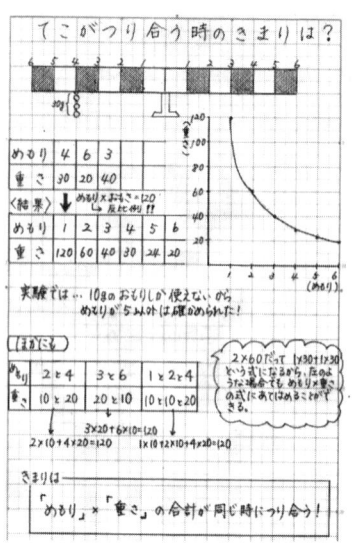

【A児のノート】

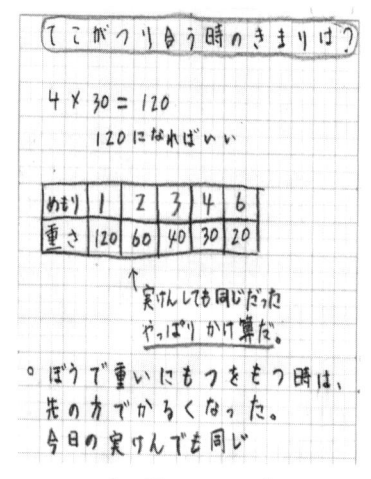

【C児のノート】

> ☞ **ここがポイント！　村山教科調査官メモ**

本事例は，てこの規則性について結果から結論をまとめる場面を取り上げている。本場面は，過去に実施した「教育課程実施状況調査」において3割程度の定着率であった。てこ実験器の状況と数値を関連させ，数値の表す意味を吟味させることが大切である。

第6学年 【A 物質・エネルギー】

電気の利用

1 単元の目標

　生活に見られる電気の利用について興味・関心をもって追究する活動を通して，電気の性質や働きについて推論する能力を育てるとともに，それらについての理解を図り，電気はつくったり蓄えたり変換したりできるという見方や考え方をもつことができるようにする。

2 本単元での指導と評価のポイント

(1) 見えない電気のエネルギーについて，その存在を意識させる

　電気は磁石と同様に目に見ることができず，子どもたちにとってその存在を意識させることは難しい。よって，その力（エネルギー）によって成す「働き」の様子から，意識を高めることが考えられる。その過程の中に諸感覚を伴えば，子どもたちへの意識はより高いものになるだろう。本単元においても，視覚的にとらえることが難しい電気エネルギーの存在への意識を高めるために，できるだけ諸感覚を通した実験活動を取り入れるようにする。

(2) 身近な生活とのつながりへの意識を高める

　第3学年から系統性をもたせて学習を積み上げ，深めてきた「電気」の学習について，第6学年では「身近な生活とのつながり」への意識を高めるために，学習活動や教材の工夫に努める。生活の中で利用されている「電気を光や音，熱などに変えているもの探し」や消費電力の違いを実感することができる「白熱球とLED電球を手回し発電機で点灯させてみる活動」など，学習単元の中で適宜，身近な生活とのつながりへの意識を高める学習活動を取り入れていきたい。既習の内容が，身近な生活の中でどのようにつながり，どのように生かされ，利用されているのかについて，理解を深めていくのである。

(3) 科学的な思考・表現を育成していく

　観察・実験時の結果を整理して考察する言語活動を大切にしていく。科学的な言葉や概念を使用して，考えたり説明したりするなどの学習活動を充実していくのである。

3 指導と評価の計画（全13時間）

	学習活動	評価規準
第1次 4時間	【活動のきっかけ】 ○電気は身近な生活の中で，どのように利用されているのか話し合い，実際に確かめる。 ○豆電球が電池の使用ではなく，モーターで点灯することができる様子を観察する。 **問題** 電気は自分でつくって，使うことができるのだろうか。 ○手回し発電機を使って，いろいろな器具につなぎ，電気はつくることができるかどうかについてや，電気が何に変わっているのかについて実験で確かめる。 **見方や考え方** 電気はつくることができ，光，音，運動などに変えることができる。	◆関心・意欲・態度① 発電の仕組みや電気の利用に興味をもち，電気はどのようにしてつくられ，どのように利用されているかについて，進んで調べようとしている。 ◆技能① 手回し発電機にいろいろな器具を適切に接続し，電気が光や音，運動などに変わっていることを調べ，結果を記録している。
第2次 3時間	【活動のきっかけ】 ○ためた電気を利用している道具に出合い，電気はためられるかどうか確かめる。 **問題** つくった電気はためられるのだろうか。 ○コンデンサーを使い，手回し発電機でつくった電気をためることができるか確かめる。 ○身近な生活の中にある，電気をためて使っている器具にはどんなものがあるかについて話し合う。 **見方や考え方** つくった電気はためることができる。	◆技能② コンデンサーを手回し発電機に接続して，ためた電気を使っている。 ◆思考・表現① 身近な生活の中にある電気の利用について，エネルギー資源の有効利用の観点から考え，表現している。
第3次 2時間	【活動のきっかけ】 ○電気を熱に変えて使っている器具に出合い，電気が熱にも変えられるかどうか確かめる。 **問題** 電気は熱に変えることができるだろうか。 ○電熱線の太さによる発熱のしかたについて，実験で確かめる。 **見方や考え方** 電気は熱に変えることができる。	◆技能③ 電熱線の太さによる発熱の違いについて，安全に正確に調べている。 ◆思考・表現② 電熱線の太さによる発熱の違いについて，自分の考えを表現している。
第4次 4時間	【活動のきっかけ】 ○白熱球とLED電球に出合い，その性質の違いにふれる。 **問題** 白熱球とLED電球で電流の大きさに違いはあるだろうか。 ○電流計や手回し発電機を使って，電流の大きさについて調べる。 ○電気の性質を利用したおもちゃをつくる。 **見方や考え方** エネルギーは大切にしていかなければいけない。	◆技能④ 電流の大きさについて，的確に調べている。 ◆思考・表現③ 限りあるエネルギーへの意識を高め，これからどのような生活をしていくべきなのか考え，自分の考えを表現している。

第3章 「科学的な思考・表現」の指導と評価の実際　第6学年

4 「科学的な思考・表現」の指導と評価の実際（第4次，第10時・（第11時））

(1) 本時の目標

限りあるエネルギーへの意識を高め，これからどのような生活をしていくべきなのか考え，自分の考えを表現することができる。

(2) 本時の展開

主な学習活動	教師の支援◇　評価◆
【活動のきっかけ】 ○白熱球を見て，電球は光とともに熱を発していることに気付く。 ○LED電球を見て，光は発しているが熱は発していないことに気付く。	◇白熱球は，光とともに熱にも変わっていることに気付かせるために，子どもたちに近づけたり，手をかざしたりさせていく。

問題	白熱電球とLED電球の電流の大きさはちがうだろうか。

○2つの電球について気付いたことを発表し，電流の大きさの違いについて予想する。 ・明るさは2つともだいたい同じだね。 ・白熱球は熱いけど，LED電球は熱くないね。 ・熱を発している分，白熱球の方が電流を使っていると思うよ。 ○2つの電球それぞれが使う電流の大きさについて調べる方法を考える。 ・手回し発電機で2つの電球を点灯させながら，調べることはできないかな。 ○交流電流計を用いて，2つの電球に流れる電流の大きさについて調べる。 ・白熱球はLED電球に比べて，たくさん電流が流れているんだね。 ○手回し発電機を使って，2つの電球を点灯させてみる。 ・白熱球は10人で回してもとても暗かったけど，LED電球は3人でも明るく点灯することができたね。 ○実験の結果を基に，2つの電球の違いとその理由についてノートに記述し，説明する。	◇白熱球とLED電球について気付いたことを素直に発表させながら，LED電球からはほとんど熱が発していないことを共有させる。 ◇白熱球とLED電球との様子の違いから，電流の大きさに違いがあるのではないかという見通しをもつことができるようにする。 ◇前時までの学習内容を振り返り，2つの電球に流れる電流の大きさについて，調べる方法を考えることができるようにする。 ◇電流計を用いて調べる方法については，電流が交流であることや，大きな電流を扱うことについて補足をして，安全に実験ができるようにする。 ◇手回し発電機を用いて調べる方法については人数の違いや発光の様子などから，2つの電球に流れる電流の大きさについてとらえることができるようにする。 ◇実験の結果をふまえて予想を修正し，2つの電球の違いとその理由についてノートに記述し，説明させる。 ◆思考・表現③ 　白熱球とLED電球が使用する電流の違いについて，自分の予想や実験の結果を照らし合わせて考察し，自分の考えを表現している。

見方や考え方	LED電球は白熱球に比べて熱を発しない分，電気をむだなく光にしている。

155

（3）指導と評価の実際　【実験結果から考察をまとめる場面】

> ここでは、実験を通して得られたデータを、結果としてまとめることができたかどうか、そして、その結果をふまえた自分の考え（この実践では「つかんだこと」と称している）を表現することができたかどうかを、ノートの記述から分析する。
> まず、白熱球とLED電球が使用する電流の違いについて、実験結果から明らかにする。その結果を基に、LED電球の価値やこれからの使用の仕方についての自分の考えを表現していくのである。

① 「おおむね満足」と判断できる子どもの評価例

まず、実験結果を記録することは必須条件である。実験から得られたデータを正確にノートに記録していくことは、とても大切なことである。それは、考察は正確な結果記録の上に成り立つものだからである。結果を正確に記述できなかったり、結果の内容が実験の内容の半分であったり、不十分なものであったときには、できるだけその場で指導していきたい。その上で、2つの電球について自分の考えを表現したり、これからの使い方について触れたりしているものについては「おおむね満足」している状況であると判断できる。

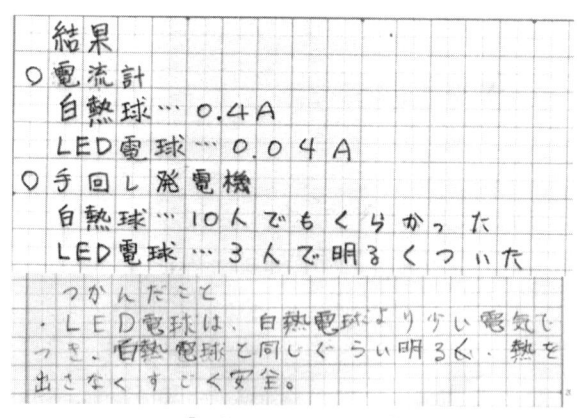

【B児のノート記述】

② 「十分満足」と判断できる子どもの評価例

A児は必須条件である実験結果をノートに記述した上に、その内容をモデル図を用いて視覚的に表現したと考えられる。その内容から、科学的な思考・表現が「十分満足できる」状況であると判断した。

また、D児は、得られた実験結果を基に、より発展的に自分

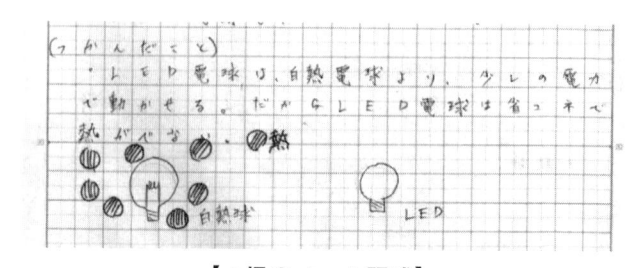

【A児のノート記述】

の考えを言葉で表現していった。2つの電球の特徴や電球の使い方について自分なりに表現した内容から，科学的な思考・表現が「十分満足できる」状況であると判断した。

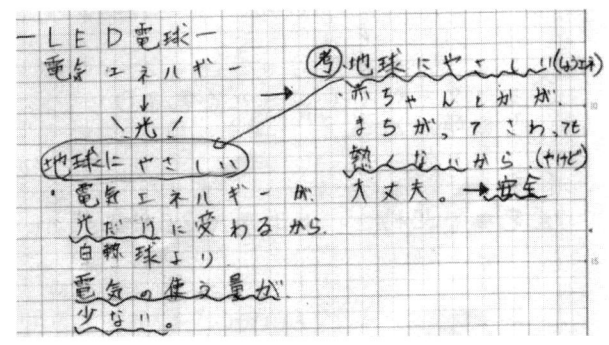

【D児のノート記述】

③ 「努力を要する」と判断した子どもの評価例と指導の手だて

　実験結果を正確に記録できていない子どもは，科学的な思考・表現の力を高めていくことに，大変難しいところがある。そのような子どもには，得られた実験結果を正確に記録していく力を高めていかなければいけない。また，C児のように，実験結果をそのまま考察としてまとめているような内容も「努力を要する」と判断した。考察として表現する言葉の中には，その子どもなりの根拠がほしいところである。

　そこで，まず，実験結果と考察の違いを説明し，友達の記述も参照させながら理解させるようにした。さらに，白熱球と比較しながら，自分なりの根拠を考察に加えられるように指導した。

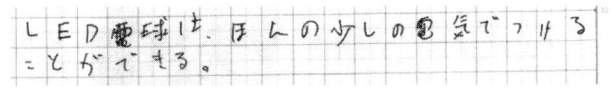

【C児のノート記述】

☞ここがポイント！ 村山教科調査官メモ

　本事例は，電気の利用について結果から結論をまとめる場面を取り上げている。本単元は，新内容であり，電気のつくり方ばかりでなく，日常生活を見直したり，環境の観点で考察したりすることも大切である。エネルギー資源の有効利用についてデータを基に討論，協同させることも考えられる。

第6学年 【B 生命・地球】

人の体のつくりと働き

1 単元の目標

　生物の体のつくりと働きについて興味・関心をもって追究する活動を通して，人や他の動物の体のつくりと働きについて推論する能力を育てるとともに，それらについての理解を図り，生命を尊重する態度を育て，人や他の動物の体のつくりと働きについての見方や考え方をもつことができるようにする。

2 本単元での指導と評価のポイント

(1) 呼吸，消化・吸収，血液の循環を関連させる

　人や動物には生命があり，生命を維持するために食べ物を体に取り入れたり，呼吸したりしているということを子どもに意識させる。呼吸，消化・吸収の学習後，酸素や養分を運ぶ仕組みの血液の循環を学習する。呼吸に関係する肺，消化・吸収・排出に関係する胃・小腸・大腸・肝臓，尿をつくる腎臓，これらをつなぐ血液の循環に関係する心臓などが働いて生体が維持されていることを理解させる。

(2) 映像や模型を活用しながら推論させ，調べたことを発表する場を設定する

　映像や模型，資料などの情報と直接体験である観察，実験とを通して推論をつくり上げていく学び方を支援していく単元である。問題意識をもたせる導入時，写真や映像から読み取る探究活動，認識を形成する習得場面などの要所でメディアを活用できる。
　また，それを発表する場を設け，自分の調べたことを再構成しながら考えさせ，自分の学習に責任をもたせることが大切である。

(3) 身近で安全な動物と人の体のつくりと働きを比べ，実感させる

　他の動物も呼吸をし，ものを食べていることから，体のつくりと働きに問題意識をもたせて魚の解剖や血流の観察を行う。人も動物も同じ生物であることから生命尊重の気持ちをはぐくむとともに，人にはない動物の生きるための工夫から生命のたくみさを感じさせる。また，イヌや魚類などの他の動物との共通点や差違点についても考えさせることで，動物の体の仕組みについて広く考えさせるようにする。

3 指導と評価の計画（全18時間）

	学習活動	評価規準
第1次 5時間	【活動のきっかけ】 ○人などの動物が生きていくためには，何が必要なのか考える。 **問題** 吸う空気と吐いた空気では，どのような違いがあるだろうか。 ○吸う空気と吐いた空気の違いについて予想や仮説をもち，実験計画を立て，実験する。 ○呼吸の仕組みや働きについて，資料や模型などで調べる。 ○他の動物の呼吸についても，資料や模型を使って調べる。 **見方や考え方** 吸った空気の中の酸素は，肺で血管を通して体内に取り入れられ，体外に二酸化炭素などが出されている。	◆関心・意欲・態度① 人や動物の呼吸の働きに興味・関心をもち，進んで調べようとしている。 ◆技能① 資料を活用して呼吸の働きを調べている。 ◆思考・表現① 人や他の動物の体のつくりと呼吸の働きやそのかかわりについて予想や仮説をもち，推論しながら追究し，表現している。
第2次 5時間	【活動のきっかけ】 ○ご飯をよくかんだときの様子を話し合う。 **問題** ご飯は口からどのように変化していくのだろうか。 ○ご飯をよくかんだときの経験などを基に予想や仮説をもち，実験計画を立て実験する。 ○消化の仕組みや働きについて，資料や模型等を活用して調べる。 **見方や考え方** 食べ物は，口から食道，胃，小腸へと運ばれながら消化され，体に吸収されやすい物に変化したり，体外に出されたりする。	 ◆思考・表現② 人や他の動物の体のつくりと消化について，自ら調べた結果と予想や仮説を照らし合わせて推論し，自分の考えを表現している。
第3次 4時間	【活動のきっかけ】 ○血液はどのように循環しているのか，資料や模型等で確かめ，話し合う。 **問題** 血液は，どのように体の中を循環し，どのような働きをしているのだろうか。 ○脈拍と拍動数を調べ，脈拍と拍動のリズムが同じであることを確かめ，記録する。 **見方や考え方** 心臓から送り出された血液は，体のすみずみまで張り巡らせた血管の中を流れて，酸素や二酸化炭素や不要になった物を運んでいる。	◆技能② 資料や模型などを活用して，循環の働きを調べている。 ◆知識・理解① 血液は，心臓の働きで体内を巡り，養分，酸素及び二酸化炭素を運んでいることを理解している。
第4次 4時間	【活動のきっかけ】 ○私たちが生命活動を維持するためには，どんな臓器があるだろうか。 **問題** 生命活動を維持している臓器の位置や働きは，どのようになっているのだろうか。 ○調べた結果を基に，分かったことを発表する。 **見方や考え方** 体内には，生命活動を維持するための様々な臓器があり，それぞれが相互に関連しながら生命を維持している。	◆知識・理解② 体内には生命を維持するための様々な臓器があることを理解している。

4 「科学的な思考・表現」の指導と評価の実際 (第1次, 第2・3時)

(1) 本時の目標

吐いた空気と吸う空気の違いについて, 実験の結果と予想を照らし合わせて推論し, 自分の考えを表現することができる。

(2) 本時の展開

主な学習活動	教師の支援◇　評価◆
【活動のきっかけ】 ○無意識に行っている呼吸を意識的に止めてみるなどのゲームを行う。また, 呼気と吸気を無色透明の別々の袋にとり, 子どもの目で比較して観察する。	◇これまでの経験を基に予想が立てられるように, 携帯用の酸素ボンベなどを用意し, 吸う空気と吐く空気について話し合う場を設定する。

問題　吸う空気と吐いた空気では, どのような違いがあるのだろうか。

・どちらも無色透明で同じように見えるよ。 ・部屋の空気が汚れるから換気するってことは, 吸う空気と吐く空気は違うと思う。 ・吸う空気よりも酸素が減っていると思うよ。 ○呼気と吸気を石灰水で調べる。 ・吸う空気の方の石灰水は変化がなく, 透明なままだね。 ・吐く空気の方の石灰水は, 白く濁ったよ。二酸化炭素が増えたんだ。吸う空気と吐く空気では二酸化炭素の量が違うんだね。 ○呼気と吸気の酸素と二酸化炭素の割合を, 気体検知管で調べる。 ○結果を一覧表に整理して, 考察する。 ・数字は違うけれど, どの班も酸素の割合が減って, 二酸化炭素の割合が増えているね。 ○体内での空気の変化について推論する。 ・吐いた空気が全部二酸化炭素というわけではないんだね。 ・やっぱり, 酸素が二酸化炭素に変わっていたんだ。 ・体に取り入れられている酸素って少しだね。だから運動の後, 呼吸数を多くして酸素を取り入れようとしていたのかな。 ・吸った酸素はどこで体に取り入れられるのかな。 ・空気を吸うと胸のあたりが膨らむよね。	◇呼気に二酸化炭素が多く含まれていることを子どもは知識として知っているが, 実際に実験をして調べたことはない。そこで, 自らの呼気や吸気を使って実験するようにさせる。 ◇子どもの予想を基に, 吐く空気の二酸化炭素の増加に問題点を焦点化する。それを確かめる実験方法を「燃焼の仕組み」で行った実験方法を基に考えることができるようにする。 ◇吸う空気の組織表を提示し, それを手掛かりに, 何が二酸化炭素に変化したのかを推論させる。 ◇「燃焼の仕組み」で学習したことと関連付けた考えも認める。 ◇多面的に追究できるように2つの実験をさせる。 ◇各班の実験結果を分かりやすく一覧表示する。 ◇まず, 酸素が減少し, 二酸化炭素が増加した事実を確認する。その後, 増減の割合から, 体内で二酸化炭素に変化したことを推論させる。 ◆思考・表現① 人や他の動物の体のつくりと呼吸の働きやそのかかわりについて予想や仮説をもち, 推論しながら追究し, 表現している。 〈発言分析・記録分析〉

見方や考え方　人は呼吸によって酸素を体の中に取り入れ, 二酸化炭素を出している。

(3) 指導と評価の実際 【実験結果から呼吸の仕組みを推論する場面】

> 「吸う空気と吐いた空気では,どのような違いがあるのだろうか」という最初の問題については,今まで得た知識などから多くの子どもが「吸う空気には酸素が,吐く空気には二酸化炭素が含まれている」と答えることができるし,実験結果からも明らかにできる。しかし,体内に取り入れた酸素がどのようにして二酸化炭素に変わるのかについては,はっきり説明できないので,資料等の調べ学習によって,それを追究していく活動を展開する。呼吸の仕組みについて自分なりに推論したり,新たな疑問を見いだし追究したりできているかどうかを,子どもの発言や記録から見取っていく。

① 「おおむね満足」と判断できる子どもの評価例

B児は,最初,酸素は血液と一緒に体中をぐるぐる回って体に吸収されるというイメージをもっていたが,友達の意見を聞くうちに肺の存在を知る。しかし肺の機能については不明な点が多かったため,B児は肺の機能について熱心に調べ学習に取り組んだ。そして,酸素と二酸化炭素を交換する場所であることは把握できた。そこからさらに「二酸化炭素がつくられるのはなぜだろう」と,新たな疑問を生み出すことができた。

> 肺で酸素と二酸化炭素が交換されるらしいよ。でも,二酸化炭素がつくられるのはなぜだろう。
>
> 【B児の発言】

D児は,調べ学習の成果として,細胞で酸素が二酸化炭素に変わるということを見いだし,友達に教えた。すると,「その細胞は燃える場所でしょ」と問い返され,自分なりに考えを整理して「やっぱり体を動かすときに酸素と何かが結び付き,熱を発するのだと思う。そのことが物を燃やすと二酸化炭素を出すことに近いのではないかと思う」と推論した。しかし,酸素が何と結び付いているのかは分からず,その先を追究しようとはしなかった。さらに調べてみようという意欲が継続するよう指導していくことが必要であった。

② 「十分満足」と判断できる子どもの評価例

A児は,資料を調べながら,酸素が体の各部を通ることで二酸化炭素に変化するということは理解できたのだが,その仕組みについては疑問として残していた。そこで,「燃焼の仕組み」の学習を思い出し,「酸素→物を燃やす→二酸化炭素という働きにすごく似ている」という発言をした。そこから「だから,体の各部でも何かが燃えているのではないかな」という新たな疑問を生み出した。

クラスの中でそれについて議論している中で、友達の「寒い日に外に出て歩くと温かくなる。けれどじっとしていれば寒い。だから、燃えるというのは火が燃えるのではなく、ご飯などのエネルギーが、歩いたり走ったりすることで消耗することが燃えることになるのではないか」という発言を聞き、A児は自分の考えを確信し、さらに燃焼という現象について「燃えることは火があるないではなく、酸素とぶつかることをいうのではないか」という自分なりの推論をすることができた。

> 「燃焼の仕組み」で学んだ、「酸素→物を燃やす→二酸化炭素」という働きにすごく似ている。だから、体のあちこちでも何かが燃えているのではないかな。
>
> 【A児の発言】

また、E児は、理科についての興味・関心が高く知識も豊富で、赤血球やヘモグロビン等の言葉についての情報をもっていた。しかし、それらがどのような働きをしているのかを、体全体の仕組みとしてとらえることができていなかった。

クラスの話し合いを進める中でみんなの考えや意見を取り入れ、1つ1つの言葉の意味ではなく、体の中の酸素の流れという全体に注目して考えるようになっていった。そして、本やインターネット等を使用し、吸う空気と吐く空気の違いからそれらが体の中でどのように変化していくかを的確にまとめることができた。

③ 「努力を要する」と判断した子どもの評価例と指導の手だて

C児は、資料を調べることはできたが、必要な情報を選択することができなかった。例えば、肺胞などの難しい言葉が出てくると、意味も機能もわからず丸写しをしてしまう。その仕組みに疑問をもつことなく、継続して調べることができなかった。そのため、資料の言葉と自分の考えを結び付けられないでいた。

そこで、知らない言葉が出てきたときにはさらに調べるように助言をしたり、自分が調べたいと思っていることを明確にできるようワークシートに書かせたり、常に振り返ることができるように指導した。

また、呼吸の仕組みについてひととおり理解できても、自分の言葉でそれを説明することが難しい子どももいる。その際には、科学的な言葉と自分の言葉を結び付けるための適切な支援をしていく必要がある。具体的には、自分なりのモデル図をかいたり、身近なものにたとえたり、友達の考えを借りて考えたりするなどである。

☞ここがポイント！ 村山教科調査官メモ

本単元は、観察がしにくいため資料に頼る学習展開となるが、資料を読む目的をしっかりともたせることが大切である。観察、実験も、できる限り取り入れていきたい。

第6学年　【B 生命・地球】

植物の養分と水の通り道

1 単元の目標

植物の体内の水などの行方や葉で養分をつくる働きについて興味・関心をもって追究する活動を通して，植物の体内のつくりと働きについて推論する能力を育てるとともに，それらについての理解を図り，生命を尊重する態度を育て，植物の体のつくりと働きについての見方や考え方をもつことができるようにする。

2 本単元での指導と評価のポイント

(1) 植物を育てた経験や学習の想起，観察から問題を見いだす

新しくできたジャガイモのデンプンを顕微鏡で観察し，デンプンの大きさが様々なことやデンプンの粒の中に年輪のように大きくなってきたあとがあることを観察する。植物の成長には日光が関係していることを振り返り，「葉で成長の養分となるでんぷんを作っているのではないか」と推論することにより，見通しをもった実験ができるようにする。

また，植物の成長に不可欠な水を吸収した後，植物体内のどこを通って，どこにいくのか，植木鉢や花壇で育てている植物に水をあげた経験を話し合う活動や，植物を朝さした花瓶の水が減っている様子を観察させることにより，植物の体内をどのように水が通っていくのかについて，気付きや疑問をもつことができるようにする。

(2) 身の回りの植物を調べることで，実感を伴った理解を図る

植物の蒸散についての学習では，自分で選んだ植物に透明な袋をかぶせ，中がくもり，水滴がつく様子を観察する。葉を残したものと葉を取ったものとを比べることで，葉を残した方に水滴が多いことから推論し，植物は根から吸収した水が，外に出ていることに気付くようにする。

植物の水の通り道を調べる学習では，白い花の咲いたホウセンカの観察に加え，セロリやジャガイモなどの観察をすることで，他の植物でも，水の通り道はあるのかということを推論できるようにする。

3 指導と評価の計画（全10時間）

		学習活動	評価規準
第1次	4時間	【活動のきっかけ】 ○3月に植えた種イモが成長したジャガイモの様子を観察して，地面の中を予想する。新しくできたジャガイモにできたでんぷんを調べる。 **問題** 新しいジャガイモにあるでんぷんは，どこでつくられたのだろうか。 ○でんぷんがつくられる場所の予想や仮説をもち，実験の計画を立てる。 ○実験の結果から，どこででんぷんがつくられるのかについて考察し，まとめる。 **見方や考え方** 植物の葉に日光が当たるとでんぷんができる。	◆関心・意欲・態度① 植物が葉で養分をつくる働きに興味・関心をもち，自ら植物の体のつくりと働きを調べようとしている。 ◆思考・表現① 日光とでんぷんのでき方との関係について予想や仮説をもち，推論しながら追究し，表現している。
第2次	3時間	【活動のきっかけ】 ○植物に水をあげている経験から，植物が吸った水がどのように外に出ているか話し合う。 **問題** 水は植物の体内のどこを通っているのだろうか。 ○根から取り入れた水は植物の体内のどこを通っていくのかについて予想や仮説をもつ。 ○実験の計画を立てる。 ○ホウセンカやセロリ，ジャガイモなどの植物に着色した水を吸わせ，茎や葉に水の通り道があることを観察して調べる。 ○観察の結果から，考察したことをまとめる。 **見方や考え方** 水は，植物の根，茎及び葉を通っている。	◆関心・意欲・態度② 植物体内の水の行方に生命のたくみさを感じ関係を調べようとしている。 ◆技能① 植物を観察し，植物体内の水の行方について調べ，その過程や結果を記録している。 ◆思考・表現② 植物の体内の水の行方について，自ら行った実験の結果と予想や仮説を照らし合わせて推論し，自分の考えを表現している。
第3次	3時間	**問題** 葉まで運ばれた水は，その後どうなるのだろうか。 ○水の行方について予想や仮説をもち，観察の計画を立てる。 ○葉に透明な袋を被せて，葉から蒸散していることを調べる。 ○葉の表面の様子を顕微鏡で観察し，気孔の存在に気付き，役割を考える。 ○観察の結果から，植物の体内を通った水の行方について考察し，まとめる。 **見方や考え方** 葉まで運ばれた水は，葉から蒸散している。	◆技能② 植物を観察し，蒸散する水について実験して調べ，その過程や結果を記録している。 ◆知識・理解① 根，茎，及び葉には，水の通り道があり，根から吸い上げた水は主に葉から蒸散していることを理解している。

第3章 「科学的な思考・表現」の指導と評価の実際　第6学年

4 「科学的な思考・表現」の指導と評価の実際（第2次，第5〜7時）

(1) 本時の目標
植物の体内の水の行方について，実験の結果と予想を照らし合わせて推論し，自分の考えを表現することができる。

(2) 本時の展開

主な学習活動	教師の支援◇　評価◆
【活動のきっかけ】 ○植物をさした花瓶の水が減る様子を見る。	◇根がついているホウセンカで，葉が多いものと少ないものを花瓶にさして準備しておき，水の減り方について子どもの興味・関心を高める。

問題 根から吸った水は，植物のどこを通って葉までいくのだろうか。

○花瓶の水の減り方を比べて確認する。 ・葉がついた植物と，葉をとってしまった植物を比べたら，葉がついた植物の方が花瓶の水が減っていた。 ○根から吸収された水は，植物の体内のどこを通っていくのかについて予想や仮説をもつ。 ・根や茎は水の通り道になっているだろう。 ・葉ではでんぷんがつくられていたから，でんぷんの通り道もあるかもしれない。 ○観察の計画を立て，各班で小黒板にまとめる。 ○ホウセンカ，セロリ，ジャガイモなどを作った色水に浸して，葉や茎の色や水位の変化を調べる。色の変わった茎や根などを縦や横に切って切り口を観察する。 ○各班が小黒板に書き込んだ観察結果を基に話し合う。 ・どの植物も，根や茎の一部が色で染まっていた。 ○予想を見直して，結果の考察をする。 ・観察したことから，植物の根や茎には，水が通る場所があることが分かった。 ・水の通り道が決まっているということは，栄養の通り道もあるのだろう。 ・植物も，人のからだのように通り道があることが分かった。 ○まとめをし，理科日記を書く。	◇植物には水の入り口や出口があるのではないかと考え，人体と比較しながら，水の通り道がいたるところにあるのではないかと推論できるようにする。 ◇しおれた植物が水をあげることで生き生きとしてくることや人体と関連付けて考えたりすることで，水の通り道について，自分なりの予想や仮説をもつことができるようにする。 ◇各班で小黒板に計画を書いておき，観察の結果を記録できるようにする。 ◇白い花のホウセンカが赤く染まる様子を観察する。セロリは，根元を2つに切り，赤と青のインクに分けて浸すことで染まり方が違い，通り道に気付く。 ◇小黒板の結果を基に，結果を話し合えるように並べて掲示する。 ◇観察の結果と予想を比べ，分かったことを記述させて，植物の水の通り道について説明させる。 ◆思考・表現② 植物の体内の水の行方について，自ら行った実験の結果と予想や仮説を照らし合わせて推論し，自分の考えを表現している。 〈記録分析〉

見方や考え方 水は，植物の根，茎及び葉など体全体に行きわたっている。

(3) 指導と評価の実際 【実験結果から結論をまとめる場面】

> ここでは「植物が根から吸った水が，植物の体内をどのように通って外へ出ていくのか」を，実験を通した考察や理科日記に記述したことから分析する。
>
> まず，水が植物の体内をどのように通っているのか，植物の体内の通り道を予想して図にした。色水を作り，そこに植物を浸して，葉や茎の色や水位の変化を調べる。色のついた茎や根などを縦や横に切って切り口を観察する。ホウセンカ，セロリなどいくつかの植物で実験して比較する。子どもは，自分の予想と実験の結果を比べて，考えを見直し，まとめていくことになる。

① 「おおむね満足」と判断できる子どもの評価例

　B児は，下図のように茎の中で輪のように赤くなって，その中も赤くなると予想した。実際に切り口を観察し，結果を図に記録することができた。茎や根の中には，水が通る決まった道があることに気付いている。

　また，葉の先まで色で染まることから，植物の体のいたるところに水が運ばれていると考えることができた。植物の体内の水の行方について，観察の結果を比べて，自分の考えを表現できていることから「おおむね満足」と評価した。

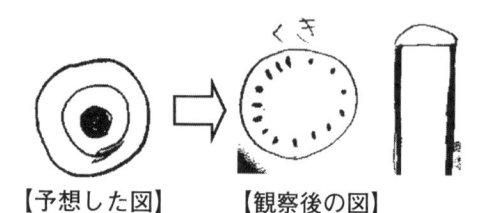

【予想した図】　【観察後の図】

「水の通り道」（タイトル）
　根から吸い上げた水は，根を通って茎へ行き，葉へ行くということが分かりました。水は，植物の決まった通り道を通って葉へ行っていることが分かって楽しかったです。
【B児の理科日記】

② 「十分満足」と判断できる子どもの評価例

　A児は，ホウセンカだけでなく，セロリやジャガイモを切ったものを色水に浸す実験から考察を深めている。予想の段階では，A児は，次のような図をかいていた。

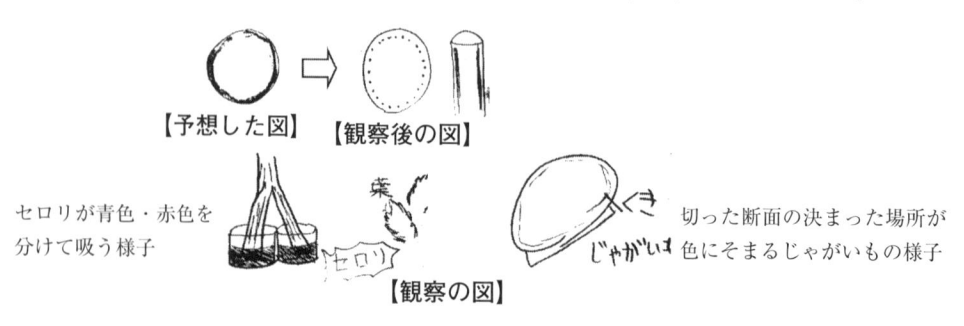

【予想した図】　【観察後の図】

セロリが青色・赤色を分けて吸う様子　　【観察の図】　　切った断面の決まった場所が色にそまるじゃがいもの様子

予想と結び付けて，「○○と予想し，実験した結果〜のようになった。このことから〜ということが考えられた」のように論述することができている。また，「やはりそうだった」「予想と違って」などの言葉を使って考えを述べることができている。このように，自ら行った実験の結果と予想や仮説を照らし合わせて，植物の水の行方について説明をすることができているため，科学的な思考・表現は「十分満足できる」状況であると判断した。

> 「吸った水は……」（タイトル）
> 　茎の中で輪のように通り道があると予想したけれど，違っていました。色水につけたホウセンカやセロリの茎や葉を調べたら，根や茎，葉などには，決まった水の通り道があることが分かりました。セロリは根元を半分にして，青い水と赤い水に入れたら，茎や葉が右と左で色が変わったので驚きました。ジャガイモを切ったものを色水につけたら，ホウセンカの茎のような形の染まり方でした。ジャガイモは地下にある茎だと聞いていたので，やはりそうなんだなと思いました。
> 　植物によって体の中の通り道が違うのかいろいろ調べてみたいです。水が通ったところが染まったことから，根から吸った水が茎や葉を通り，植物の体全体にいきわたっていると分かりました。人間の体と同じだなと思いました。植物には「水の決まった通り道」があって，「栄養の決まった通り道」もあると思います。

【A児の理科日記】

③ 「努力を要する」と判断した子どもの評価例と指導の手だて

一方，C児の場合，観察した様子を図に表現することができたものの，事実から分かることについて，問題にある「どこを通って」ということを説明することができていない。

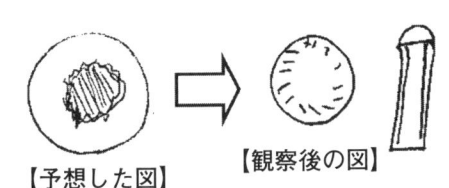

【予想した図】→【観察後の図】

> 「水の通るところ」（タイトル）
> 　水の通り道が分かってよかった。色が染まったことがよく分かった。体全体に通り道があるのがすごいと思った。

【C児の理科日記】

そこで，事実から分かることは何かを記述できるようにすることや，問題に対するまとめをすることができるように支援した。また，色水が減ったことや蒸散との関係，人体と結びつけて考えることができるよう助言した。

☞ ここがポイント！ 村山教科調査官メモ

本事例は，植物の水の通り道について結果から結論をまとめる場面を取り上げている。植物の水の通り道は，観察して事実をとらえやすいので，予想や結論のまとめをしっかりと行うことにより，推論する力の育成につなげていきたい。

第6学年 【B 生命・地球】

生物と環境

1 単元の目標

　生物と環境のかかわりについて興味・関心をもって追究する活動を通して，生物と環境のかかわりを推論する能力を育てるとともに，それらについての理解を図り，環境を保全する態度を育て，生物と環境のかかわりについての見方や考え方をもつことができるようにする。

2 本単元での指導と評価のポイント

(1) 正確な実験結果が得られるよう，正しく気体検知管を扱わせる

　気体検知管はガラス管のさす程度，測定位置のわずかな変化によって，値が大きく異なってしまう。植物の呼吸を調べる実験の際には，測定において気体検知管の先端位置が同じ場所になるように確認することが重要である。また，植物を包んだ袋をできるだけ密封し，空気の入れ替わりが起こらないよう配慮する必要がある。

(2) 既習の知識を結び付けて，生物間の関係や自然とのかかわりをとらえさせる

　本単元はこれまでの多くの単元と密接な関係がある。例えば「金属，水，空気と温度」や「人の体のつくりと働き」，「植物の養分と水の通り道」などである。それらの学習で得られた知識を活用し，自然環境と生物は，水・空気・食べ物で互いにかかわり合っていると考えることができるようにしたい。

(3) 地域における環境保全の取り組みを基に，実生活に生かせる活動を考えさせる

　生物のかかわり合いの中で，自然環境を保全していく取り組みは非常に重要な活動であるといえる。しかし，子どもたちが自分たち一人一人の問題としてとらえることは少ない。これまでに学習したことと日常生活を照らし合わせ，自分たちにできることはないかを意識させるようにする。そして，その考えを積極的に生かしていこうとする態度や実践力を養っていくことが，実感を伴った理解へとつながっていくと考える。

第3章 「科学的な思考・表現」の指導と評価の実際　第6学年

3 指導と評価の計画（全9時間）

	学習活動	評価規準
第1次 6時間	【活動のきっかけ】 ○人や動物が生きていくために欠かすことのできないものは何かを考える。 **問題** 人などの生物が生きるためには，どんなものが必要なのだろうか。 ○これまでの学習を基に，生きるための要素は何かを話し合う。 ○空気・水・食べ物のかかわり合いを調べるための活動計画を立てる。 《空気について》 ○植物も呼吸しているか，酸素と二酸化炭素の濃度変化を確かめる。 《水について》 ○水のめぐる様子を，本やインターネットを用いて調べる。 《食べ物について》 ○給食の献立から食べ物の流れを図に表し，陸上生物と水中生物のつながりの規則性を見いだす。 ○空気・水・食べ物の観点から，生き物と自然とのかかわり合いを相関図にまとめる。 **見方や考え方** 空気・水・食べ物ですべての生き物と自然が互いにかかわり合っている。	◆関心・意欲・態度① 生物が生きるために必要なことについて，興味・関心をもち，みずから主体的に考えようとしている。 ◆思考・表現① これまでの学習を結び付けて，生きていくための要素を予想している。 ◆技能① 酸素と二酸化炭素の濃度の変化を継続的に調べ，過程や結果を記録している。 ◆思考・表現② 植物・動物の呼吸と光合成による酸素と二酸化炭素の流れを図に表している。 ◆関心・意欲・態度② 水の循環について，積極的に情報収集の活動に取り組んでいる。 ◆思考・表現③ 食べる・食べられるの関係を考え，図に生物同士の相互関係を表している。 ◆知識・理解① 生物は水及び空気，食べ物を通してかかわり合っていることを理解している。
第2次 3時間	【活動のきっかけ】 ○生き物と自然とのかかわり合いをもとに，バランスが崩れた際の変化について考える。 **問題** 生き物と環境はどのようにかかわっているのだろうか。 ○環境が近年どのように変化してきているかを調べる。 ○身近な環境保全の活動には，どのようなものがあるかを調べる。 ○自分たちができる身近な環境保全のための活動について考える。 **見方や考え方** 自然環境は大きく変化してきているので，今後のことを考え，環境を守るための活動を積極的に行っていく必要がある。	◆関心・意欲・態度③ 生物と自然とのかかわりを基に，均衡が崩れた場面を意欲的に考えようとしている。 ◆知識・理解② 身の回りで行われている環境保全の活動について理解している。

4 「科学的な思考・表現」の指導と評価の実際 （第1次，第3時）

(1) 本時の目標
植物・動物の呼吸と光合成による酸素と二酸化炭素の流れを考え，自分の考えを図に表すことができる。

(2) 本時の展開

主な学習活動	教師の支援◇　評価◆
【活動のきっかけ】 ○植物が光合成によって二酸化炭素を酸素に変化させていたことを振り返る。 ○人が呼吸によって酸素を二酸化炭素に変化させていたことを振り返る。	◇これまでの学習を想起させ，人の呼吸や植物の光合成によって，酸素と二酸化炭素がどのような関係があったか意識させる。

問題　植物も動物と同じように呼吸をしているのだろうか。

○植物も呼吸をしているのかどうか予想し，考えを発表し合う。 ・植物も酸素を使うと酸素がなくなってしまうのではないだろうか。 ○実験方法を考え，実験計画を立てる。 ・日光に当てると酸素をつくってしまうから，日陰に置いた方がいいと思う。 ○1時間ごとに酸素・二酸化炭素濃度を測定する。 ・時間が経つごとに，酸素が増えて，二酸化炭素が減っている。 ○測定結果を表に記録する。 | 気体 | 最初 | 1時間後 | 2時間後 | 3時間後 | 4時間後 | |---|---|---|---|---|---| | 酸素 | % | % | % | % | % | | 二酸化炭素 | % | % | % | % | % |	◇動物が呼吸をしていること，地球上の酸素がなくなっていないことに着目させ，植物について想像させる。 ◇光合成によって変化してしまうことがないように，どのような条件で気体の変化を調べたらよいかを考えさせる。 ◇正確に酸素・二酸化炭素濃度を測定することができるように，空気の出入りをできるだけなくすように指示する。 ◇気体検知管を適切に扱えるよう，手順を確認させる。 ◇他のグループの結果と見比べ，自分たちの測定結果が妥当であるかを検討させる。
○結果からどのようなことがいえるのか，考察をし，酸素・二酸化炭素の流れを図に表す。 ・時間が経つごとに酸素濃度の値が減り，二酸化炭素濃度の値が増えた。 ・気体の濃度変化から植物も同じように呼吸していることが分かる。 ・植物も動物も，生物は同じように呼吸をして生きている。	◇実験結果をふまえ，酸素・二酸化炭素濃度の変化の様子から，その理由を考えさせる。 ◇呼吸と光合成の両側面から，酸素・二酸化炭素の生物間の流れを図に描かせる。 ◆**思考・表現②** 植物・動物の呼吸と光合成による酸素と二酸化炭素の流れを図に表している。 〈記述分析〉

見方や考え方　植物も動物と同じように呼吸をしている。

(3) 指導と評価の実際 【予想から結論をまとめる場面】

> ここでは，「植物が動物と同様に，呼吸をしていること」を，図を活用して視覚的に表す。その際，生物間の空気の流れとして呼吸と光合成を結び付け，酸素と二酸化炭素の流れを表現できているかを分析する。実験結果の考察から酸素が減少し，二酸化炭素が増加していることに気付く。子どもは，本実験から得た事実はこれまでの呼吸という一方向の流れから，循環という考えにとらえ直すことになる。

① 「おおむね満足」と判断できる子どもの評価例

B児は光合成によって二酸化炭素が使われて酸素がつくられていることから，呼吸は必要ないと考えていた。しかし，実験によって測定結果から考察を導き出すことで，植物も呼吸をしていると記述することができた。図の中にも酸素と二酸化炭素の流れを正確に表すことができていることから，「おおむね満足できる」状況であると判断できる。

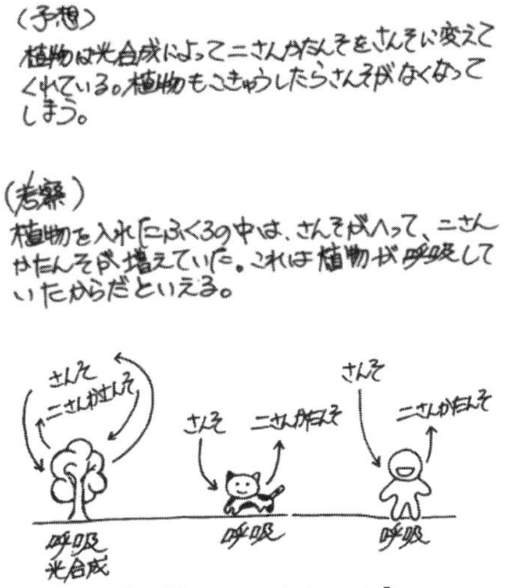

【B児のワークシート】

② 「十分満足」と判断できる子どもの評価例

A児は植物も動物と同じように生きている，という観点から呼吸をしていると予想していた。実験によって，酸素が減少している割合と，二酸化炭素が増加している割合がほぼ同じであることに気付いている。実験結果から呼吸をしていると判断し，図に表す際に活用することができている。そして，科学用語を用いて図に説明を加えている。空気による植物と動物の関係性を，今回の実験結果と既習の知識とを結び付けて考えることができているため，「十分満足できる」状況であると判断した。

【A児のワークシート】

③ 「努力を要する」と判断した子どもの評価例と指導の手だて

　C児の場合は，根拠のない予想を立てている。その原因は，予想の観点が焦点化されていない点にあると考えられる。また，考察として挙げていることも結果として得られた事実を記録しているにすぎない。このことから，結果から考察を導き出すことが苦手であると判断した。

　そこで，実験結果からいえることはどのようなことか，植物のどんな働きによるものかを考えてみるように助言した。

〈予想〉
たぶんしてないと思う

〈考察〉
だんだん酸素がへって、二酸化炭素がふえている。

酸素→[植物図]→二酸化炭素

【C児のワークシート】

　また，図に表す際には，「植物が呼吸と光合成の両方を行っている，動物は呼吸をしている」という考えを整理することができず，実験結果を示している。ここでも，植物と動物がそれぞれ酸素・二酸化炭素とどのような関係にあるのか，区別して考えてみるよう助言した。これらの指導により，C児は，情報を整理するためのポイントを焦点化して考えようとするようになった。

☞ここがポイント！ 村山教科調査官メモ

　本事例は，生物と空気のかかわりについて結果から結論をまとめる場面を取り上げている。本単元は，観察がしにくいため資料に頼る学習展開となるが，本事例のように，実験で確かめられるところはできる限り実験を実施することが大切である。

第6学年　【B 生命・地球】

土地のつくりと変化

1 単元の目標

　土地のつくりと土地のでき方について興味・関心をもって追究する活動を通して，土地のつくりと変化を推論する能力を育てるとともに，それらについての理解を図り，土地のつくりと変化についての見方や考え方をもつことができるようにする。

2 本単元での指導と評価のポイント

(1) 地層や標本等の観察，堆積実験等を通して，土地のつくりと変化についての実感を伴った理解を図る

　本単元の学習を進めるにあたって，地層や地層の構成物などの実物を，実際に手に取って詳しく調べることが重要である。こうすることで，写真や説明のみよりも実物から様々な情報を得ることができる。同時に土地の変化の時間的，空間的なスケールの大きさを実感することができる。また堆積実験の結果を踏まえて，実際の地層ができる様子を推論することもできる。

(2) 地層に含まれる構成物と関連付け，地層ができたときの様子について推論させる

　地層に含まれる構成物を詳しく調べることにより，構成物の特徴をとらえる。角がとれて丸みを帯びた礫や砂，貝や魚などの化石が含まれていることから，流れる水の働きを受けたと推論できる。また，火山灰や多くの穴をもつ石が含まれていることから，火山の噴火によってつくられたと推論できる。このように，地層の構成物の手がかりをもとに，地層ができたときの様子を推論を通してとらえさせていく。

(3) コンピュータや映像，図書等の資料や博物館等の活用を通し，地層のでき方や土地の変化についての理解を深めさせる

　本単元では，実際の地層の観察や実験，標本等を基に，実物に触れる機会をできるだけもつよう心がける。また，これらを補い，土地のつくりと変化についての見方を広げることができるよう，様々な資料を用いたり地域の社会教育施設等を積極的に活用したりしていく。

3 指導と評価の計画（全13時間）

	学習活動	評価規準
第1次 5時間	【活動のきっかけ】 ○写真や資料などを活用して，土地の様子やつくりについて話し合う。 **問題** 縞模様に見える土地は，どのようなものからできているのだろうか。 ○地層の縞模様の色や縞模様をつくっているものの形や大きさ，手触りなどを調べる。 **見方や考え方** 土地は，礫，砂，泥，火山灰，岩石からできていて，層をつくって広がっている。	◆関心・意欲・態度① 土地の様子やつくりに興味・関心をもち，地層のつくりについて進んで調べようとしている。 ◆技能① 資料や野外観察などを基に，安全に土地のつくりについて工夫して調べている。 ◆知識・理解① 土地は，礫，砂，泥，火山灰，岩石からできていて，層をつくって広がっているものがあることを理解している。
第2次 5時間	【活動のきっかけ】 ○地層に海の生物の化石や丸みをもった礫が含まれていることを手がかりに，地層のでき方を考える。 **問題** 地層は，どのようにしてできたのだろうか。 ○砂や泥などを混ぜたものを水を入れた容器に流し込み，水の中で地層ができることを確かめる。 **見方や考え方** 流れる水や流されるものの様子によって，地層の様子が異なる。 ○写真や資料などを基に，火山の働きによってできた地層の様子を調べる。 **見方や考え方** 火山の噴火の様子により，積もる火山灰の様子が異なる。	◆技能② 流れる水の働きによって地層ができることを調べる方法を工夫し，堆積実験を計画的に行っている。 ◆思考・表現① 地層のでき方について，流れる水の働きと関係付け，実験結果と照らし合わせて考察し，表現している。 ◆思考・表現② 資料を見比べることにより，火山の働きによってできる地層の様子を推論しながら表現している。 ◆知識・理解② 地層は，流れる水の働きや火山の噴火によってできることを理解している。
第3次 3時間	**問題** 火山活動や地震によって，土地はどのように変化するのだろうか。 ○火山活動や地震で土地が変化した様子を本やコンピュータ，博物館などを活用して調べる。 **見方や考え方** 自然の力はとても大きく，土地をつくったり変化させたりする。	◆関心・意欲・態度② 土地は火山活動や地震によって変化することに興味・関心をもち，その変化の様子について進んで調べようとしている。 ◆知識・理解③ 土地は，火山活動や地震によって変化することを理解している。

第3章 「科学的な思考・表現」の指導と評価の実際　第6学年

4 「科学的な思考・表現」の指導と評価の実際（第2次，第6・7時）

(1) 本時の目標

地層のでき方について，流れる水の働きと関係付け，実験結果と照らし合わせて考察し，自分の考えを表現することができる。

(2) 本時の展開

主な学習活動	教師の支援◇　評価◆
【活動のきっかけ】 ○地層をつくるものの様子を見る。	◇地層の中には，海の生物の化石や丸みをもった礫が含まれていることに気付くようにする。
問題　地層は，どのようにしてできたのだろうか。	
○地層のでき方を予想し，発表する。 ○実験方法を考える。 ○雨どいなどの上に砂や泥などをのせ，水を入れた水槽などに流し込む方法で調べられることを知る。 ○地層をつくるものを水で流し，堆積させる実験を行い，地層ができる様子を調べる。 ・粒の大きいものは下の方に堆積した。 ・上にいくにつれて堆積したものの粒は小さくなっている。 ・泥はなかなか堆積しない。水も濁ったままだ。 ・流すものを変えると，堆積したときにできる模様の様子も変わる。 ○実験結果をノートに記録する。 ○予想を見直して，地層のでき方について記述する。 ・1回流すと，粒が大きいものから小さいものへと堆積する。 ・流すたびに粒の大きいものが先に堆積するので，はっきりした模様ができる。 ○実験結果を発表し，地層のでき方について話し合う。 ・流されるものによって，川底に積もりやすさが違うから，模様ができる。 ・実際の地層の中のものは，丸くなった小石などもたくさんあるから，流れる水の働きをたくさん受けている。	◇地層をつくるものから，砂や泥など，いくつかの種類のものを用いて実験するとよいことを助言する。 ◇流すものや混ぜ方，流す水の量などを変えるなどして，繰り返し行うよう助言する。 ◇流し込むたびに，水槽に堆積している様子や模様のでき方などを観察するよう助言する。 ◇堆積した様子をスケッチと文で表すように助言する。 ◇実験結果を基に自分の予想を修正し，地層のでき方について記述，説明させる。 ◇各班の実験結果や地層の資料なども見合いながら地層のでき方について考察するよう，助言する。 ◆思考・表現① 地層のでき方について，自ら行った実験の結果と予想や仮説を照らし合わせたり，流れる水の働きと関係付けたりして考察し，自分の考えを表現している。〈記録分析〉
見方や考え方　地層は，流れる水の働きによってできる。流れる水や流されるものの様子によって，地層の様子が異なる。	

(3) 指導と評価の実際 【実験結果から考察する場面】

> ここでは，流れる水の働きによって地層ができるか調べるモデル実験を行い，その結果を流れる水や流されるものの様子と関係付けて考察することができたかを分析する。その際，自分の予想や実験結果を図や言葉で表させる。できた地層の様子の観察を通して，結果を適切な図や言葉で表すことができているか，また，自分の予想が結果とどう違い，実験から地層はどのようにできると推論することができるかなどについて考察していく。

① 「おおむね満足」と判断できる子どもの評価例

　B児は，予想の段階では，小石，砂，泥はきれいに分かれて堆積すると考えている。図から，堆積しやすいものの順序については，気付いていない。実験後のスケッチでは，堆積の様子をよく観察し，小石も粒の大きいものから堆積していることが分かるように表している。1回目と2回目の堆積の様子を基に，粒が大きい小石が先に堆積し，次いで砂，泥の順となることが分かったことを記述できている。これらのことから，「おおむね満足」の状況であると判断できる。

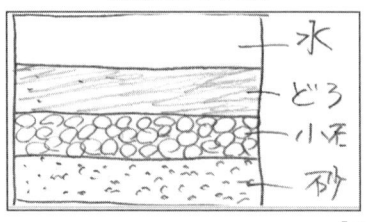

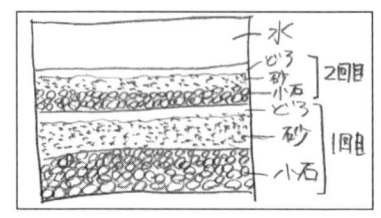

【B児のノート】

② 「十分満足」と判断できる子どもの評価例

　A児も，B児と同様に小石や砂，泥は分かれて堆積すると考えている。図から，堆積するものの順序を，下から小石，砂，泥としており，堆積しやすいものについて意識していることがうかがえる。実験後には，堆積している粒の様子をとても詳しく観察し，スケッチに表している。1回ごとの水を流した段階でできる地層の様子については，流すものによって区切りをはっきりとさせず，小石→砂→泥と粒の大きさがしだいに小さくなっている様子を図でしっかりと表している。これは，予想のスケッチには見られない点であり，結果の考察においても，同じ小石の中でも，粒の大きいものから順に堆積していくことや，泥は堆積しにくいことなどを記述している。これらのことから，地層のでき方を流れる水の働きや流されるものの粒の様子とも関係付けて考えることができ

第3章 「科学的な思考・表現」の指導と評価の実際　第6学年

＜実験前の予想＞　　　＜実験後の記録＞

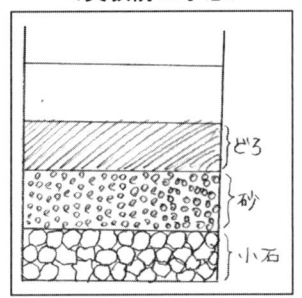

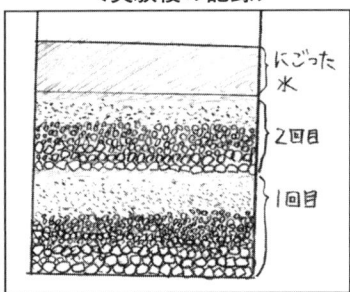

【A児のノート】

ているので，「十分満足できる」状況であると判断できる。

③ 「努力を要する」と判断した子どもの評価例と指導の手だて

　C児の予想の図は，A児，B児と同様に，流されるものによって模様がつくられることを表している。しかし実験後のスケッチでは，堆積したものの様子の表し方が簡素化され，粒の状態による堆積の様子が図によってとらえられていない。また結果の考察においても，自分の予想で気付かなかったことや考えが変わったこと，実験から考えられることなどについて記述されておらず，結果として模様ができたことだけを記述していた。実験から分かったことをたずねてみたが，自分の言葉で説明することができなかった。これらのことから，「努力を要する」状況であると判断した。

　そこで，実験結果から分かったことを実験班の友達とあらためて確かめ合い，ノートに書くよう助言した。その結果，流れる水の働きによって縞模様がつくられたことや，粒の大きさによって堆積の様子が異なることなどに気付き，自分の言葉でノートに記述することができた。

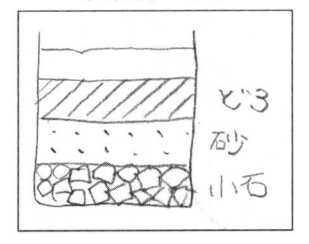

＜実験前の予想＞　　　＜実験後の記録＞

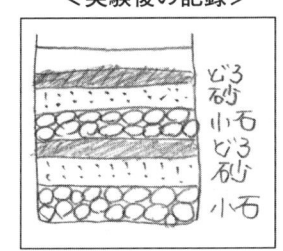

【C児のノート】

☞ここがポイント！ 村山教科調査官メモ

　本事例は，流れる水の働きについて，モデル実験の結果から地層のでき方を考察する場面を取り上げている。図と言葉の両方の表現から，子どもの思考を読み取っていく。

第6学年 【B 生命・地球】

月と太陽

1 単元の目標

　天体について興味・関心をもって追究する活動を通して，月の位置や形と太陽の位置の関係を推論する能力を育てるとともに，それらについての理解を図り，月や太陽に対する豊かな心情を育て，月の形の見え方や表面の様子についての見方や考え方をもつことができるようにする。

2 本単元での指導と評価のポイント

(1) 継続観察によって，月と太陽の位置と月の形の見え方との関係を推論させる

　本単元は，映像資料に頼りがちになるので，昼間に見える月を実際に観察することを大切にしていきたい。午前中に月を観察できる下弦の月，午後に月の観察ができる上弦の月，その前後を継続観察させていく。観察するポイントは，同じ時間における月の位置と形である。このデータを集めることで「月がどちらの方角に見えても，必ず月の輝いている側に太陽がある」「月と太陽の位置が近いほど月の形は欠け，遠いほど月の形は満ちている」という規則性に気付かせ，月の形の見え方を推論させていく。

(2) 観察結果と照らし合わせて，モデル実験を行う

　球形のボールなどを月と見立て，月と太陽の位置と月の見え方の関係をモデル実験で調べるようにする。その際，班で話し合いを行い，観察結果と照らし合わせて「半月の後，月の形はだんだん欠けていった。月と太陽の位置はだんだん近づいていった」など，見通しをもたせて実験を行えるようにする。

(3) 月の位置は，太陽の位置との関係を意識させて記録させる

　月の位置を記録する際，太陽の位置との関係を意識できるように，両手で太陽と月を指し示しながら観察をする。体を使うことで，月と太陽の位置がだんだん近づいたり遠ざかったりしていることがとらえやすくなる。月の高度や方角は，電線を高度の線と見立てたり，方位が特定できるような建物を基準にしたりするとわかりやすい。記録用紙にも，高度の線や方位，基準となる建物などを記入しておくようにする。

3 指導と評価の計画（全7時間）

	学習活動	評価規準
第1次 4時間	【活動のきっかけ】 ○昼間に見える月の観察の仕方を確認し，継続して観察を行う。	◆技能① 月と太陽の位置と月の形の見え方を調べ，その様子を記録している。
	問題／月の見える形は，どのようにして変わるのだろうか。	
	○継続観察したデータを基に，月と太陽の位置と月の形の関係にはどのような規則性があるのか話し合い，予想を立てる。 ○ボールを月に見立て，観察したデータと照らし合わせながら，月の形の見え方のモデル実験を行う。	◆思考・表現① 観察した結果を基に，月と太陽の位置と月の形の見え方の関係について推論しながら追究し，自分の考えを表現している。 ◆思考・表現② モデル実験の結果と観察した結果を照らし合わせて考察し，太陽と月の位置と月の形の見え方の関係について自分の考えを表現している。 ◆知識・理解① 月の輝いている側に太陽があることを理解している。
	見方や考え方　月の輝いている側に太陽がある。月と太陽の位置が近いほど月の形は欠けていて，遠いほど月の形は満ちている。月と太陽の位置関係が変わり，月への太陽の光の当たり方が変わるので，月の見える形は変わる。	
第2次 3時間	問題／満月のとき，どうして地球の影が月に映らないのか。	
	○月・地球・太陽の大きさや距離を，同一の縮尺で表し，そのスケールの大きさを確かめる。	◆関心・意欲・態度① 月や太陽の大きさや地球との距離に関心をもち，意欲的に調べようとしている。
	見方や考え方　実際の太陽や地球，月との距離はとても離れているので，地球の影が月に映ることはめったにない。	
	問題／月と太陽の表面の様子には，どのような違いがあるのか。	
	○月や太陽の表面の様子を，映像や資料，模型などを活用して調べる。 ○月を，望遠鏡や双眼鏡で観察する。	◆知識・理解② 月の表面の様子は，太陽と違いがあることを理解している。
	見方や考え方　月の表面にはクレーターなどが見られる。太陽は自ら輝いているが，月は太陽の光を反射して輝いている。	

4 「科学的な思考・表現」の指導と評価の実際 （第1次，第2・3時）

(1) 本時の目標
　ボールに光を当てたモデル実験を行い，モデル実験の結果と観察した結果を照らし合わせて考察し，太陽と月の位置と月の形の見え方の関係について自分の考えを表現することができる。

(2) 本時の展開

主な学習活動	教師の支援◇　評価◆
問題　月の見える形は，どのようにして変わるのだろうか。	
○月の見える形が変わる理由を，観察したデータをもとに予想し，発表する。 ・月の輝いている側には必ず太陽があるから，月は太陽の光を反射して輝いていると思う。 ・月と太陽の位置が近いほど月は欠けて，遠いほど月は満ちて見えると思う。 ・月は地球の周りを回っているから，地球との位置が変わって月の見える形も変わると思う。 ○予想を確かめる実験方法を考え，話し合う。 ・ボールを月に見立てて，光を当ててみればよい。 ○ボールを月に見立てたモデル実験を行う。 ・月が地球の周りを回ると，光の当たり方が変わって月の見える形が変わる。 ・観察した結果通り，月が太陽に近いほど月は欠け，遠いほど満ちていった。 ・月は太陽の光を反射して輝いている。 ・満月の位置のとき，地球の影が月に映るね。 ○モデル実験と観察したデータを照らし合わせて考察をかく。	◇太陽の位置と月の輝いて見える側，太陽と月の位置と月の形，同じ時間でも日によって月の位置が変わることに注目させる。 ◇4年生の学習を想起させ，月が地球の周りを回っていることを確認する。 ◆思考・表現① 　観察した結果を基に，月と太陽の位置と月の形の見え方の関係について推論しながら追究し，自分の考えを表現している。 〈記述分析〉 ◇光源を太陽，自分を地球，ボールを月と見立て，光源と自分の位置は固定し，ボールの位置だけ動かせばよいことに気付かせる。 ◇月の見える形がどのように変わっていったのか，観察したデータを基に状況を再現することを意識させる。 ◆思考・表現② 　モデル実験の結果と観察した結果を照らし合わせて考察し，太陽と月の位置と月の形の見え方の関係について自分の考えを表現している。 〈記述分析〉

　見方や考え方　月の輝いている側に太陽がある。月と太陽の位置が近いほど月の形は欠けていて，遠いほど月の形は満ちている。月と太陽の位置関係が変わり，月への太陽の光の当たり方が変わるので，月の見える形は変わる。

第3章 「科学的な思考・表現」の指導と評価の実際 　第6学年

(3) 指導と評価の実際 【観察及び実験結果から結論をまとめる場面】

> ここでは，「月の見える形が変わる理由」を，実際に観察した結果と照らし合わせながらモデル実験を行い，月と太陽の位置関係と月の見える形について科学的に思考できたかどうか，また，自分の考えを分かりやすく表現できているかどうかを，ノートの記述から分析する。まず，実際に観察した結果から予想をかかせた後，ボールを月に見立て，モデル実験を行う。その結果を基に，「月の見える形が変わる理由」を記述していく。

① 「おおむね満足」と判断できる子どもの評価例

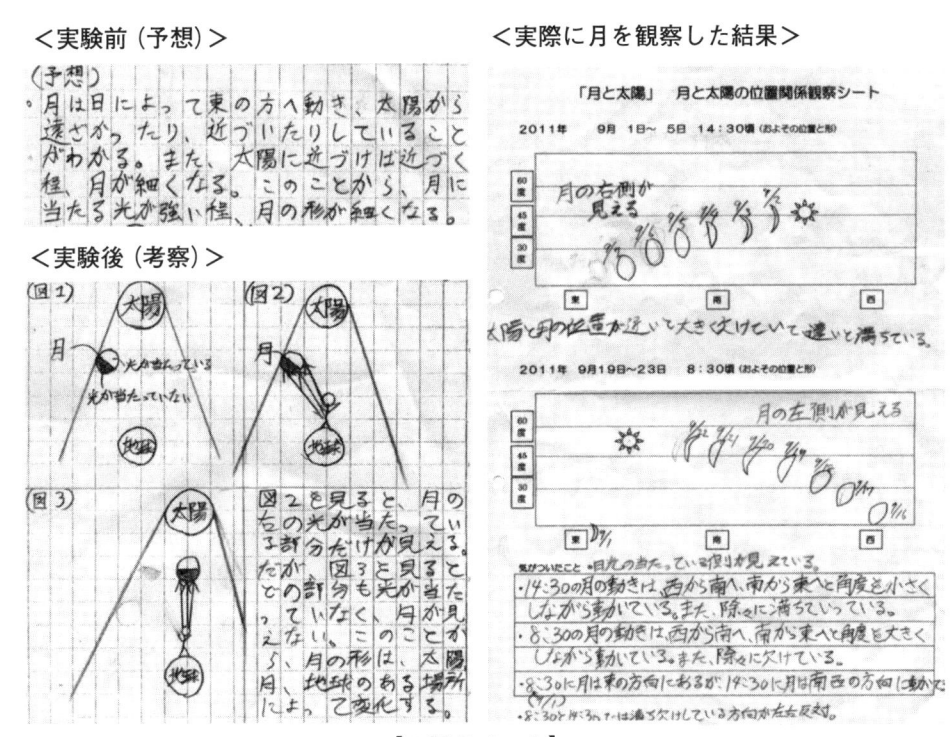

＜実験前（予想）＞　　　　　　　＜実際に月を観察した結果＞

＜実験後（考察）＞

【B児のノート】

B児は，予想の段階で，実際に月を観察した結果を基に，「月が太陽に近い位置にあるほど見える形が細くなる」ということに気付くことができた。しかし，その理由が，「月に当たる光が強いほど月の形は細くなる」と，観察結果から導いたものではあるが，月と太陽の平面的な動きから考えたものであった。

モデル実験を行うことで，月と太陽の動きを空間的にとらえ，月と太陽の位置関係により，太陽の光の当たり方が変化することで，月の見える形が変わることをとらえることができた。また，それを図に表して説明できているので，「おおむね満足」している

状況であると判断できる。

② 「十分満足」と判断できる子どもの評価例

A児は，観測結果から，月の見える形が変わる理由を，月と太陽の位置関係から予想することができた。また，モデル実験を通して，「月と太陽の位置関係が変わるなら，地球にもたらす光の強さも変わるのではないか」と，新たな課題を見つけている。実験結果を予想と結び付けて考えることもできており，「十分満足できる」状況であると判断した。

③ 「努力を要する」と判断した子どもの評価例と指導の手だて

C児は，予想の段階で，月の満ち欠けに太陽が関係していて，月は太陽の光を反射して光っていることを考えることができた。

モデル実験を通して，月に太陽の光が当たっているところは輝き，当たっていないところが影になることをとらえることはできた。しかし，月が地球の周りを動くことによって太陽の光の当たり方が変化する記述はなかった。

そこで，なぜ観察結果のように，月の見える形が変化していったのか，モデル実験では，どんなことをしたら月の見える形は変わっていったのか考えさせ，月が地球の周りを回っていることに気付くことができるよう助言した。

＜実験前（予想）＞

＜実験後（考察）＞

【A児のノート】

＜実験前（予想）＞

＜実験後（考察）＞

【C児のノート】

☞ここがポイント！ 村山教科調査官メモ

　本事例は，月の形と動きについて結果から結論をまとめる場面を取り上げている。本単元は新内容であり，様々な工夫が考えられる。本事例のように，実際に観察した月の形をモデル実験で再現しながら考察していくことが大切である。

■執筆者

第1章	村山 哲哉	文部科学省初等中等教育局教育課程課教科調査官 p.8-14
第2章	森田 和良	筑波大学附属小学校教諭 p.16-24
第3章		

●第3学年
- 加藤 啓介　渋谷区立幡代小学校教諭　p.26-30
- 山本 宙樹　町田市立七国山小学校教諭　p.31-35
- 田村 智子　荒川区立汐入東小学校教諭　p.36-40
- 波木井俊介　荒川区立大門小学校教諭　p.41-46
- 宮下 淳　町田市立南第二小学校教諭　p.47-51
- 小川 明宏　刈谷市立富士松北小学校教諭　p.52-56
- 坂野真貴子　多摩市立西落合小学校教諭　p.57-61
- 宇都宮森和　岡崎市立本宿小学校教頭　p.62-66

●第4学年
- 中野 健　中富良野町立中富良野小学校教諭　p.67-71
- 中野 倫子　南富良野町立幾寅小学校教諭　p.72-76
- 丸山 賢悟　上富良野町立上富良野西小学校教諭　p.77-81
- 福井 秀晃　南富良野町立金山小学校教諭　p.82-86
- 小酒井晃子　富良野市立東小学校教諭　p.87-91
- 後木 由佳　富良野市立扇山小学校教諭　p.92-96
- 川本 英司　富良野市立山部小学校教諭　p.97-101

●第5学年
- 白水 隆暢　那珂川町立片縄小学校教諭　p.102-106
- 宮﨑 靖　福岡教育大学附属久留米小学校教頭　p.107-111
- 野口 信介　福岡市教育委員会指導部 発達教育センター研修係長　p.112-116
- 矢田 真悟　横浜市立立野小学校教諭　p.117-122
- 鎌田 工美　横浜市立三ツ沢小学校教諭　p.123-127
- 江口 秀暁　横浜市立立野小学校教諭　p.128-132
- 園 珠美　横浜市立立野小学校教諭　p.133-137

●第6学年
- 鳴川 哲也　福島県教育センター指導主事　p.138-142
- 村上 宏　福島市立笹谷小学校教諭　p.143-147
- 國井 博　福島大学附属小学校教諭　p.148-152
- 遠藤 謙一　三春町立三春小学校教諭　p.153-157
- 石井 智子　千葉市立寒川小学校教諭　p.158-162
- 小林 卓　千葉市立緑町小学校教諭　p.163-167
- 小松 司　千葉大学教育学部附属小学校教諭　p.168-172
- 藤江 博厚　千葉市立打瀬小学校教諭　p.173-177
- 鎌田 映一　千葉市立海浜打瀬小学校教諭　p.178-182

（執筆順，所属は2012年3月現在）

■ 編集者

村山 哲哉　昭和38年生まれ。文部科学省初等中等教育局教育課程課教科調査官，国立教育政策研究所教育課程研究センター研究開発部教育課程調査官，学力調査官。東京都内公立小学校教諭，副校長，東久留米市教育委員会指導主事，墨田区教育委員会統括指導主事を歴任。主著：『理科における言語活動の充実』『板書で見る全単元・全時間の授業のすべて 小学校理科』（東洋館出版社，編著）『わかる！小学校理科授業入門講座』（ぶんけい，編著）ほか。

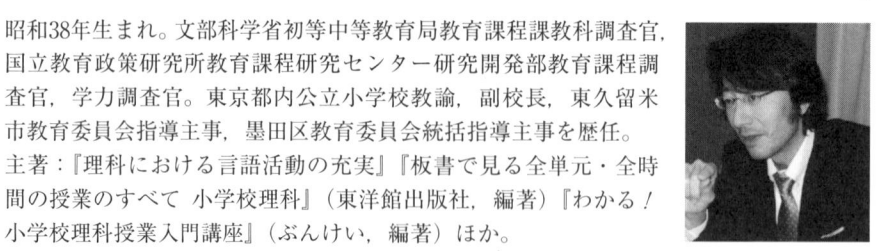

小学校理科
事例でわかる！ 子どもの科学的な思考・表現

2012年6月20日　初版第1刷発行　　　［検印省略］

編 集 者　村山哲哉
発 行 者　村主典英
発 行 所　株式会社 図書文化社
　　　　　〒112-0012　東京都文京区大塚1-4-15
　　　　　TEL 03-3943-2511　FAX 03-3943-2519
　　　　　http://www.toshobunka.co.jp/
装　　幀　中濱健治
印 刷 所　株式会社 厚徳社
製 本 所　合資会社 村上製本所

Ⓡ本書の全部または一部を無断で複写複製（コピー）することは，著作権法上での例外を除き，禁じられています。本書からの複写を希望の場合は日本複製権センター（03-3401-2382）にご連絡ください。
乱丁本・落丁本はお取り替えいたします。定価はカバーに記載されています。
ISBN978-4-8100-2609-2　C3037